한국인이
가장 좋아하는
선문답

한국인이 가장 좋아하는 선문답

장웅연 지음
도법·원철·신규탁 감수

불광출판사

- 감수 **도법 스님**
  지리산 실상사 회주. 제방선원을 돌며 10여 년간 수행했다.
  이후 청정불교운동과 인드라망 생명공동체운동을 펼쳤다.
  현재 조계종 화쟁위원장과 자성과쇄신결사추진본부장을 맡고 있다.

- 감수 **원철 스님**
  조계종 불학연구소 소장을 역임했으며, 현재 해인사승가대학 학장.
  경전과 선어록을 연구하고 강의해왔으며 정확하고 간결한 글솜씨로
  독자들의 많은 사랑을 받고 있다.

- 감수 **신규탁**
  연세대 철학과 교수. 일본 동경대에서 문학박사 학위를 받았으며
  화엄철학, 선불교, 중국철학사 등을 강의한다.
  불교평론 학술상과 연세대 공헌교수상을 받았다.

감수의 글

— 원철(해인사승가대학 학장)

 절대로 말을 붙일 수 없다는 화두는, 그렇기 때문에 더 말을 붙이고 싶은 충동을 일으키기 마련이다. 현직 선사들이 현장에서 시퍼렇게 두 눈을 뜨고 있는데도, 그 앞에서 '감히' 화두에 해설을 다는 용감한 이들이 중원 땅에서 『벽암록』과 『종용록』, 『무문관』을 만든다.
 하지만 고려의 진각 혜심은 남의 말을 빌려 자기 말을 하는 우회수법을 사용했다. 해동의 반도에서 살았던 소심함이 그대로 묻어난다. 그렇지만 『선문염송』의 내용과 양은 앞의 세 권을 훌쩍 뛰어넘는 수작이다.
 이제 대륙과 해양을 넘나드는 시대를 맞이하여 말 붙이는 작업을 당당하게 이어간 것이 강신주 선생의 『매달린 절벽에서 손을 뗄 수 있는가』였다. 동시대에 살고 있는 웅연 거사에 의해 또 다른 '교외별전'으로 이어지는 화두집이 새로 나왔다. 나의 안목과 목소리로 '말을 붙인' 흔치 않은 책이다.

서문

　다른 복은 별 볼 일 없는데 '책복'은 많은 편이다. 9년 동안 7권을 냈다. 대부분 선(禪)에 관한 내용이다. 불교계 언론에서 종사하며 틈틈이 선어록을 읽고 선승들을 만난 업보다. "배우게 도둑질"이란 심정으로 이어온 저술이었는데, 도둑질이 공덕(功德)이 될 줄이야…. 불광출판사로부터 단행본 기획물을 의뢰받았다. 유명하거나 유의미한 역대 화두 100개를 뽑아 나름의 논평을 달았다. 최대한 쉽고 발랄하게 또한 정직하게 쓰려고 애썼다. 익숙했던 선가(禪家)의 말들을 째거나 오리고 부쉈다 다시 지으며 신나게 갖고 놀았다. 선사들이 가르치는 바가, 좌고우면(左顧右眄) 하지 말고 자기에게 주어진 삶을 온전히 살라는 것이니, 본연의 정신에 충실했던 셈이다.

　"선문답하고 앉았네!" 선문답은 흔히 동문서답과 같은 치로 대접받는다. 대답이 뜬구름을 잡거나 무책임할 때, 언론에서 번번이 가져다 쓰는 관용어가 돼버렸다. 어쩌면 사실이 그렇다. 선문답은 말 같지 않은 말이다. 다만 문맥을 벗어나 있어서 통념을 초월해 있다. 말싸움에 끼지도 말장난으로 기만하지도 않는다. 하기야 험담과 수다만큼 논리적인 말이 어디 있는가. 그러나 '진리'는 진리가 아니며 극락은 '극락'에만 있는 법이다. 옳음에 대한 떠듦은 그냥 떠듦이다. 남들의 말에 오래도록 휘둘리지 않으려면, 자기만의 말을 찾아내야 한다.

마조 도일(馬祖道一) 선사가 몸져누웠을 때 누군가 물었다. "요즘 건강이 어떠십니까?" 마조가 말했다. "일면불(日面佛)! 월면불(月面佛)!" 사실상 그의 열반송이다. 얼핏 알쏭달쏭하나, 무슨 거창하고 심오한 의미를 품은 게 아니라는 생각. 일면불은 수명이 1,800세에 이른다는 부처님이다. 반면 월면불은 하루살이다. 마조의 대답은 "좋을 때도 있고 나쁠 때도 있다"며 하루하루 오르내리는 병세를 재치 있게 표현한 말이다. 자구 해석에 매달리기에 앞서 죽음 앞에서도 농담을 던질 수 있었던 그 마음을 보아야 한다.

예전부터 '화합'이란 가치에 의심이 많았다. 누군가를 사랑할 순 있어도 한몸이 될 순 없는 노릇이다. 마음의 화합은 순간적이고 이익의 화합만이 보편적이다. 단언컨대 일체만물이 불성(佛性)이 있다는 건, 개체로서의 성질을 갖고 있다는 것이고 그러니 그저 존재한다는 뜻이다. 이런저런 완장과 연줄과 악의를 털어내고 보면, 살아있는 것들은 죄다 비슷비슷하게 살아간다. 부러워할 것도 자책할 것도 없다. 살아있다면, 살아내면 그만이다.

개인적으로는 '헬조선 시대에 필요한 조사선' 또는 '송곳들을 위한 잠언집'이라 부제를 붙이고 싶다. 사탕발림 힐링의 시대가 가고 애오라지 불신의 시대가 왔다. 다행이다. 미움도 힘이니까. 단, 증오가 '악플 달기'나 '분노조절장애'에만 머물러선 끝내 제자리걸음이다. 세상에 대한 혐오를 자신에 대한 신뢰로 회향해야만, 그나마 빛이 보일 것이다.

희망 없는 사회다. 앞으로도 없을 것 같다. 물론 희망이 있든 없든 그건 중요치 않다. 인생은 자기가 만들어가는 것이다. 속지 마라. 본래부처다.

돌아보면 후회뿐이다. 아내여 그래도 사랑한다.

차례

감수의 글 _ 5
서문 _ 7

1장. 아프면 아픈 대로

001 상처받지 않으려니까 상처받는 것이다 _ 19
002 너의 마음이 죄라고 여길 뿐, 본래 죄는 없다 _ 22
003 선(善)에도 오염되지 말라 _ 24
004 생각은 무서운 것, 상대할 '생각'을 말자 _ 27
005 생각해봐야, 자기만의 생각 _ 29
006 폐하, 웃기고 앉으셨습니다 _ 31
007 마음 밖에선 아무 일도 일어나지 않는다 _ 34
008 더러워서 못 살겠다는 삶도,
그 더러움의 크기만큼 거룩한 것이다 _ 36
009 마음은 어디에도 없지만 언제나 있다 _ 38
010 모든 것은 그럴 만하니까 그런 것이다 _ 40
011 상대가 하는 만큼만 하라 _ 42
012 마음의 평수를 줄여라 _ 44
013 착한 생각조차 허물이다 _ 46
014 메말라야 풍요로운 마음 _ 48
015 해박하다는 건 끝내 해박한 편견일 뿐이다 _ 50
016 멍 때리는 것조차 일이다 _ 52
017 잘못 들어선 길도, 길이다 _ 54
018 마음을 다무는 게 먼저다 _ 56
019 경쟁에서 이기는 근본적인 방법은 경쟁을 떠나는 것이다 _ 58
020 바람을 잡지도 않고 바람 따라 춤추지도 않는다 _ 60

2장. 흐르도록, 놓아두라

021 참새는 참새이므로 부처다 _65
022 누군가가 제시하는 길은 사실 그에게만 평탄했을 길이다 _67
023 아서라, 닥쳐라, 꿈 깨라 _68
024 부처의 마음이란 아무것도 특별하게 여기지 않는 마음 _69
025 세상만사가 마음놀음,
    결국은 마음을 가지고 놀 줄 알아야 한다 _71
026 포화 속에서도 밭일을 할 수 있다면 _73
027 쓸모없는 존재는 없다 _74
028 빛과 그림자, 빛은 그림자 _75
029 손잡이를 구하지 않는 삶 _76
030 한 생각 내면 병이고, 한 생각 버리면 약이다 _78
031 가장 평범한 것이 가장 특별한 것 _80
032 차와 술의 차이 _82
033 남의 삶을 살려니 제대로 살지 못하는 것이다 _84
034 나는 존재한다, 그러므로 위대하다 _86
035 오직 모를 뿐이니, 오직 할 뿐 _88
036 아무리 좋은 것도 없는 것만 못하다 _90
037 달은 굳이 태양이 아니어도 아름답다 _92
038 나무가 산다, 나무도 산다 _94
039 최고의 동반자는 자기 자신 _95
040 무심은 뚝심이다 _97

3장. 깨달음은 붉다

041 거대한 순응 _ 103

042 잃었다 한들 본래 없었던 것이다 _ 105

043 이것은 이것대로 아름답고 저것은 저것대로 쓸 만하다 _ 107

044 조그만 삶이 답이다 _ 109

045 부처님조차 결국은 남이다 _ 111

046 무위진인? 나야 이 새끼야! _ 113

047 출구가 없다고? 벽을 부수면 된다 _ 115

048 수행은 단지 내려놓음이 아니라
내려놓을 수 있는 힘을 기르는 것이다 _ 118

049 '살아 있음' 안에는 응당 마려움이 있다 _ 120

050 '근본'은 '바닥'이 아니다 _ 122

051 득도(得道)의 기준 _ 123

052 깨달음은 누가 가질 수도 나눠가질 수도 없다 _ 125

053 짚신으로 막걸리를 떠먹다 _ 127

054 헛것이 헛것인 줄 아는 힘 _ 129

055 절이 절이려면 _ 131

056 '내 안의 나'와 친해지기 _ 133

057 도인의 삶이란, 알면서도 속아주는 것 _ 136

058 도(道)는 돈이 아니어서, 벌리지도 않고 쌓이지도 않는다 _ 138

059 보살행? 위선이나 떨지 마라 _ 140

060 깨달음은 붉다 _ 143

4장. 어디든, 길이다

061 선량한 삶 이전에 진솔한 삶 _147
062 길을 잃었다 해서 길이 사라지는 것은 아니다 _149
063 호랑이는 죽어서 가죽을 남기고,
 사람은 죽어서 시체를 남긴다 _151
064 무엇이든, 삼키고 나면 똥이다 _153
065 똥만 싸다 갈래? _154
066 잘나가도 삼삼 못나가도 삼삼 _155
067 빛나는 미래는 성실한 오늘에 있다 _158
068 부처가 되겠다고 따로 일을 벌이지 마라 _160
069 공기는 비어 있으나 꽉 차 있다 _162
070 숨 쉴 줄만 알아도 부처 _164
071 입을 열면 먼지가 들어오게 마련이다 _166
072 버티다 보면, 어느새 부처 _169
073 아무 일도 벌이지 않는 게 정법이다 _171
074 그대가 나이든 내가 그대이든, 거기서 거기로구나 _173
075 새해가 되면 누구나 도둑이 된다 _175
076 살아서의 모든 것들은, 끝내 앞서가려다 엇나간다 _177
077 행복은 행복감에 지나지 않는다 _179
078 산은 산이어서 물은 물이어서, 세상이 돌아간다 _182
079 오직 나만이 나를 살 수 있다 _184
080 누구나 물음표로 왔다가 물음표로 돌아간다 _186

5장. 묵직한 행복

081 묵직한 행복 _ 191

082 끊을 순 없겠지만 쉴 수는 있다,
멈출 순 없겠지만 헐떡이지 않을 수는 있다 _ 192

083 흔들렸다고 해서 잘못한 것은 아니다 _ 193

084 죽기 전까진, 어디서든 다시 시작할 수 있다 _ 194

085 너를 괴롭히는 건 너다 _ 196

086 인생은 '왔다가는' 것이지 '사고파는' 것이 아니다 _ 198

087 똥파리들의 새마을운동 _ 200

088 이도저도 아닌 삶이 결국엔 남는 장사다 _ 203

089 삶은 그냥 삶일 뿐, 해석하지 마라 _ 205

090 살아서의 모든 시간은 죽음을 준비하는 시간이다 _ 207

091 추우면 그 추위만큼 강해져라 _ 209

092 쓰러지면 기어가고, 괴롭히면 놀아주고 _ 211

093 힘들어도 생각해야 하고 아플수록 생각해야 한다 _ 213

094 어떻게 살든, 끝은 같구나 _ 217

095 우리들의 위대한 '쌀값' _ 219

096 사람은 신중하게 사귀어야 _ 221

097 다르게 보면 제대로 보인다 _ 223

098 일어서지 못하는 것들은 넘어질 줄도 모른다 _ 225

099 어떻게 살든, 내게는 정답 _ 227

100 불행해서 행복하다 _ 229

//1장.   아프면 아픈 대로//

1장.   아프면 아픈 대로

001
상처받지 않으려니까 상처받는 것이다

─『전등록』

혜가: 제 마음이 편안하지 못하니
　　　스님께서 편안하게 해주소서.
달마: 너의 마음을 가지고 오너라.
　　　그러면 편안하게 해주겠다.
혜가: 마음을 아무리 찾아도 찾을 수가 없습니다.
달마: 나는 이미 너의 마음을 편안하게 해주었다.

/

　마음의 위치를 알 수 있다면, 빨간약을 발라주면 그만이다. 지독하게 아픈데 어디가 아픈지 모르면 기가 막힌다. 마음을 꺼내 보여줄 수가 없어서 사람은 기어코 서로의 멱살을 잡고 연애를 실패하며 뒤돌아서 운다.
　그러나 마음은 없다. 실재하지 않으며 '마음'이라는 언어로만 살아 있을 뿐이다. 바람이고 꿈이며, 밝다손 벼락이요 어둡다손 그림자다. 아파하지 않아도 된다. 있지도 않은 것을 붙잡으려니 답답하기만 하고, 종적도 모르면서 무턱대고 다스리려니 답이 안 나오는 법이다. 생각이 일어나면 일어난 대로 내버려 두고 모순은 모순대로 존중하는 것이 상책이다. 단연코 마음은 없다. 있어 봐야 짐이다. 없어야 한다.

  마음을 다잡으려 할수록 마음은 멀리 달아난다. 마음먹은 대로 살려다간 배탈만 나기 일쑤다. 그러므로 마음에 대처하는 최적의 방법은 수색이 아닌 매복이다. 상처받지 않겠다고 목소리를 높이다가 정체를 들킨다. 욕심 난다고 섣불리 움직이다가 총알 세례를 당한다. 비루하면 비루한 대로, 병들었으면 병든 대로. 갈 길은 먼데 눈이 내린다? 갈 길이 있고 눈은 내렸다.

⊙ 보리 달마(菩提達摩, ?~536)

중국 선종의 초조(初祖). 인도 남부 팔라바 왕조의 왕자로 태어났다. 반야다라(般若多羅)의 법을 이었다. 서기 527년 중국으로 건너와 형상과 개념을 초월한 무심(無心)의 선법을 펼쳤다. '달마가 동쪽으로 온 까닭은〔조사서래의(祖師西來意)〕'이란 화두의 연원이다. 불사(佛事)의 공덕을 자랑하던 양(梁)의 무제(武帝)를 신랄하게 비판하면서, 불상(佛像)만이 아니라 모두가 부처임을 가르쳤다. 스스로 팔을 자를 만큼 마음의 고통에 몸부림치던 혜가(慧可)에게는 마음이란 것 자체가 없음을 일깨우며 평정을 되찾아줬다. 줄곧 소림사(少林寺)에서 은둔했다. 제도권의 질투로 독살 당했으나 홀연히 부활했다. 히말라야를 맨발로 걸어서 서역으로 돌아갔다. 저작으로『심경송(心經頌)』,『파상론(破相論)』,『이종입(二種入)』,『안심법문(安心法門)』,『오성론(悟性論)』,『혈맥론(血脈論)』 등 소실육문(少室六門)이 전한다. '소림사 조실(祖室)의 여섯 가지 법문'이란 뜻이다. 150세 넘도록 살았다는 풍월이 있다. 험악한 얼굴에서 뿜겨져 나오는 전설적인 카리스마는 달마도의 흥행을 불러왔다.

⊙ 혜가(慧可, 487~593)

선종의 제2조. 본명은 신광(神光). 일찍이 유학의 시서(詩書)를 섭렵하고 32세에 대소승(大小乘) 경전 전체를 통달한 천재였다. 40세가 된 어느 날 갑자기 발병한 두통이 인생을 바꿔놓았다. 우울증으로 추정되는 이 병을 치료하기 위해 달마를 찾아갔다. 눈보라 속에서 자신의 왼팔을 끊어버림으로써, 침묵하던 달마의 마음을 움직였다. 그리고 "마음의 실체가 없다"는 달마의 법문에 문득 깨달았다. 말년에는 음주와 식육 등 파계(破戒)를 일삼으며 마음의 통제로부터 벗어난 삶을 만끽했다. 역모를 꾸민다는 모함을 당하자, 일언반구 없이 그냥 죽어줬다.

⊙ 전등록(傳燈錄)

석가모니 부처님 이래 북송(北宋) 초기까지, '깨달음의 등불을 이어받은〔전등(傳燈)〕' 1,701명 조사(祖師)들의 행적과 언설을 모은 계보다. 1004년 편찬.『경덕전등록』의 준말로. 당시 북송의 황제였던 경덕제(景德帝)에게 진상하는 국가 차원의 불사였다. 인쇄술의 비약적 발달로 대장경 조성사업이 활발하던 시절이다. 경덕제 재위 시 비구의 숫자는 공식집계만 40만 명이었다. 당말(唐末)부터 중원의 불교권력을 장악한 선종(禪宗)은, 전체 30권에 달하는『전등록』을 편찬함으로써 교세의 치성을 과시하고 자신들의 역사적 정통성을 완성했다.

002
너의 마음이 죄라고 여길 뿐, 본래 죄는 없다

– 『전등록』

승찬이 혜가를 찾았다.
"저의 죄를 씻어주시옵소서."
혜가가 말했다.
"너의 죄를 가져오너라. 그러면 씻어주마."
"아무리 찾아도 죄가 어디 있는지 모르겠습니다."
"나는 너의 죄를 씻어주었다."

/

승찬은 '문둥이'였다. 그는 온몸에 고름이 흐르는 괴질의 통증보다, 천벌을 받았다는 절망에 더 힘들었다. 내생(來生)이라도 기약할 심산에 도움을 청했을 것이다. 그리고 "너의 마음이 죄라고 생각할 뿐 죄의 실체란 없다"는 혜가의 가르침에 마음의 병을 씻었다. 마음은 고장날 수 있는 물건이 아니라며 달마가 혜가를 치유한 방식 그대로다.

물론 마음의 진퇴와는 상관없이 현실은 언제나 멀쩡하다.

남들의 손가락질에 초연해졌다고 해서 손가락질 자체가 사라지는 것은 아니다. 슬픔은 해결될지언정 아픔은 고스란히 남는다. '불안'과 '불행'은 엄연히 다른 차원이다. 다만 그게 무슨 대수인가. 내가 저지른 죄도 아닌데. "죽겠다"는 곡소리가 곧 살아갈 힘인데. 조금만 더, 한번만 더, 견디자.

⊙ 승찬(僧璨, ?~606)
선종의 제3조. 나병(癩病)에 걸렸을 때 혜가와 문답을 주고받은 후 공불가득(空不可得)의 이치를 깨달았다. 혜가에게 출가해 은거하다가 나부산(羅浮山)에서 대재회(大齋會)를 열어 전법에 나섰다. "지극한 도는 어렵지 않으니 오직 간택하지 않으면 된다"는 구절로 시작하는 『신심명(信心銘)』의 저자로 알려져 있다. 4조 도신(道信)이 그의 법을 이었다. 도신도 승찬과 같은 절차로 깨달았다. "자비를 베푸시어 해탈법문을 들려주시옵소서." "누가 그대를 속박한 일이 있는가?" "아무도 없습니다." "그런데 어찌 해탈을 구하는가?" 1조부터 4조까지. 무심(無心)의 대물림인 셈이다.

003
선(善)에도 오염되지 말라

- 『육조단경』

신수(神秀)는 5조 홍인(弘忍)의 수제자였다.
어느 날 스승에게 예쁨을 받고 싶어 게송을 지어 바쳤다.
"몸은 깨달음을 얻는 나무요 마음은 밝은 거울이라네. 몸과 마음 부지런히 닦아서 먼지가 묻지 않게 하리라."
다들 멋지다며 칭찬했다.
이때 공양간에서 밥이나 하던 '일자무식' 혜능이 시비를 걸었다.
"깨달음에는 나무가 없다. 밝은 거울이라니 그게 무슨 소리인가. 불성(佛性)은 본래 청정해서, 먼지가 묻고 말고 할 게 없다."
6조는 혜능이 차지했다.

/

마음은 악(惡)에 오염되는 것 같지만, 실제로는 선(善)에 오염되는 경우가 더 많다. 스스로를 나쁘다고 여기는 이는 드물다. '나는 정의롭다'라는 교만심이 흔히 악행으로 이어지는 법이다. 종교전쟁이 그렇고 '갑질'이 그렇고 '구국의 결단'이 그렇다.

허례의식에 의한 친절과 자기만족을 위한 봉사는 업장(業障)만 더하는 일이다. 돈으로 때우는 건 선행이 아니다. 그냥 지출이다. 내가 옳다고 여기는 것이 아니라, 그 사람이 원하는 것을 해주는 일이 참다운 보시다.

착하게 살라고 참견하는 삶보다, 남에게 피해를 주지 않는 삶이 훨씬 정답다. 가르치려 들기 전에 기다려주는 것. 많이는 못 줘도 숨 쉴 틈은 줄 수 있다.

⊙ 홍인(弘忍, 594~684)
중국 선종의 제5조. 4조 도신(道信)의 법을 이었다. 혜능이 처음 절에 찾아왔을 때 그의 출신지역을 문제 삼으며 "오랑캐 따위가 어찌 불법을 알 수 있겠느냐"며 은근히 떠보았다. 이에 "사람에겐 남북이 있어도 불성에는 남북이 없다"는 혜능의 기상에 일찌감치 그를 후계자로 점찍어두었다. '깨달음 배틀' 이후 기가 센 나머지 제자들이 혜능을 해칠 것을 염려하여, 자신의 의발(衣鉢)을 건네주면서 야밤에 멀리 남쪽으로 보내버렸다. 혜능의 문하를 남종선(南宗禪)이라 한다.

⊙ 조계 혜능(曹溪慧能, 638~713)
중국 선종의 제6조. 신수(神秀)와 더불어 5조 홍인(弘忍)의 양대 제자로 남종선(南宗禪)의 시조가 되었다. 그의 설법을 모은 『육조단경(六祖壇經)』이 전한다. 부처님의 친설(親說)이 아님에도 '경(經)'이라 존칭한 점에서, 선종의 사상사에서 점한 혜능의 위상을 짐작할 수 있다. 무엇보다 인생 대역전의 주인공이었다. 나무를 하며 홀어머니를 봉양하던 혜능은 어느 날 『금강경』 설법을 듣고 감동해 그 길로 출가했다. 평소 그의 안목과 기백을 높이 산 홍인은, 밑바닥 행자에 불과했던 혜능을 6조로 덜컥 지명해버렸다. 혜능과 신수의 '깨달음 배틀(Battle)'이 결정적인 계기가 됐다.

⊙ 대통 신수(大通神秀, 606~706)
북쪽에 그대로 머물면서 북종선(北宗禪)의 개조가 됐다. 불교는 물론 유학과 노장에도 능통한 박종다문(博綜多聞)이었다. 글을 쓸 줄조차 몰랐던 혜능과 극명하게 대비되는 인물이다. 홍인도 원래 "나의 문하에 수많은 사람들이 있지만 현해원조(懸解圓照)에 있어서는 신수를 따를 자가 없다"고 극찬했었다. 비록 혜능에게 법통은 빼앗겼다지만, 평생토록 큰스님으로 존경받았다. 따르는 무리는 그대로였고 죽은 뒤엔 황제에게서 시호도 받았다. 사실 혜능의 승리는 신수의 제자였다가 혜능 쪽으로 돌아선 하택 신회(荷澤神會)의 기록이다. 본인이 7조가 되려고 혜능을 6조로 올렸다는 해석도 있다.

004
생각은 무서운 것,
상대할 '생각'을 말자

-『육조단경』

무념(無念)이란 생각에 대해 생각하지 않는 것이다.

/

혜능(慧能)은 무념위종(無念爲宗)을 말했다. 무념을 근본으로 삼는다는 뜻이다. 그는 생각을 없애야 한다고는 말하지 않았다. 불가능하기 때문이다. 생각은 마음의 저편에서 끊임없이 밀려오는 파도와 같다. 살아 있는 한 멈출 수 없다. 다만 붙잡지만 말라고 했다. 생각에 사로잡히는 순간, 살인이든 자살이든 파국의 문이 열린다.

생각은 이성이기에 앞서 본능이다. 주변의 자극과 정황에 신속하게 대처할 요량으로, 두뇌는 시시각각 이런저런 생각을 만들어낸다. 앎의 영역이라기보다는 삶의 영역이므로, 살아 있다면 생각할 수밖에 없고 살고 싶다면 계속 생각해야 한다. 살이 찐다거나 더럽다는 이유로 밥 먹고 똥 누는 일을 그만둘 수 없는 것과 동일한 맥락이다.

생각에서 발생하는 문제들은 백이면 백 '생각한' 생각이 아니라 '생각난' 생각에서 비롯된다. 신문방송만이 아니라 생각에도 편집이 필요하다. 일정한 주제와 질서를 가진 생각은 잡념을 없애는 데 유용하다. 자꾸만 치밀어 오르는 번뇌를 다스리는 방법은 딴 게 없다. 일부러 딴생각을 내어 집중하는 것이다. 화두를 드는 까닭도 이와 연관된다.

해일의 피해를 줄이려면, 거대한 물길을 일정한 방향으로 틀어줘야 한다. 거칠고 역한 생각이 들 때마다, 마음속의 손으로 툭툭 쳐낸다는 상상을 하다 보면 기분이 한결 개운해진다. 목숨 걸고 수행할 필요는 없다. 생각의 무서움을 알고 웬만하면 상대할 '생각'을 않는 것. 실용적 관점에서의 해탈이다.

005
생각해봐야, 자기만의 생각

-『육조단경』

이 세상 어디에도 진실이란 없다.
진실이란 보는 것이 아니기 때문이다.
만약 진실을 본다고 한다면,
보는 족족 진실이 아닐 것이다.

/

 어떤 현상과 관련해 사태의 본질을 파악하기란 어렵지 않다. 최초의 원인제공자만 찾으면 된다. 잘못한 놈이 있으니까 잘못된 일이 벌어지는 것이고, 잘못을 시인하지 않으니까 계속 일이 꼬이는 것이다.
 반면 도(道)라든가 불성이라든가 현상 너머의 진실은 눈으로 확인할 수도 말로 표현할 수도 없다. '있다/없다'라는 생멸문(生滅門)의 바깥에서 그야말로 있으면서 없고 없으면서 있는데다가, 있다고 하면 없고 없다고 하면 있기 때문이다.
 '본다'는 행위에는 필연적으로 '눈여겨본다'는 사적인 관심과 해석이 섞이게 마련이다. 그러므로 말해봐야 입만 아프고 생각해봐야 자기만의 생각이다. 주관이 헛것이듯 객관도 헛것이다. 주관적 견해가 나의 거짓말이라면, 객관적 사실은 남들의 거짓말일 뿐.

006
폐하, 웃기고 앉으셨습니다

– 『벽암록』

 양무제가 인도에서 온 달마에게 자신의 업적을 자랑했다.
 "짐(朕)이 즉위한 이래 절을 짓고 경(經)을 쓰고 승(僧)을 기른 것이 셀 수가 없다. 어떤 공덕(功德)이 있겠는가."
 "전혀 없을 것이다."
 "뭐라고?!"
 "공덕이란 인간과 하늘이 베푼 사소한 결실에 지나지 않는다. 게다가 끝내는 번뇌의 씨앗일 뿐이고. 그저 그림자에 불과하니 헛되고 헛되도다."
 "그대가 말하는 진정한 공덕이란 무엇인가."
 "청정한 지혜는 오묘하고 원만한 데다 비어 있으며 고요하다. 세상의 같잖은 앎으로 얻어지는 게 아니다."
 "그렇다면 성스러움이란 과연 뭔가?"
 "성스러움? 그딴 거 없다."
 달마의 연이은 능청에 양무제는 아연실색했다.
 "너, 도대체 뭐하는 놈이냐."
 "모르겠다."

/

  '지금 여기 존재한다는 것' 너머에는 아무것도 없거나 덫이 있다. 보상을 뜻하는 공덕 역시 허깨비다. 애당초 자기위안일 따름이니 누가 소원을 들어주고 누가 천당행 비행기를 태워줄 것인가. 상상의 산물이거나 헛된 연금술이거나 이도저도 아니면 얄팍한 상혼(商魂)에 불과하다.

  무심(無心)의 눈으로 보면 성스럽다는 것도 실체가 없다. 굳이 있다면 화려하고 값비싼 것이라는 정도? 거품과 기름기를 걷어낸 마음엔, 모든 것을 뭣도 아닌 것으로 바라볼 줄 아는 지혜와 용기만이 남는다. 언젠간 죽을 거, 언제든 죽으면 된다. 나의 정체가 궁금하다굽쇼? 어떻게 여기시든, 그 이상일 걸?

- 양무제(梁武帝, 464~549)
  본명은 소연(蕭衍). 남북조시대 양자강 이남을 지배한 남조(南朝)의 양(梁)을 건국했다. 중국역사상 가장 불심이 깊었던 황제다. 전국에 지은 절만 3,000여 개다. 스스로 보살계를 수지하면서 권속과 백관(百官)을 비롯해 일반서민들도 계를 받게 했다. 술과 고기를 끊고 일일일식(一日一食)을 실천했으며 밥상엔 콩과 간장뿐이었다. 단주육문(斷酒肉文)을 공포해 백성들의 음주와 식육을 금했다. 교리에도 밝아 경전의 소(疏, 주석서)가 수백 권에 이른다. 부처님의 가피를 얻기 위해 그야말로 엄청나게 노력했으나, 말로는 매우 비참했다. 부하의 반란(548년 후경의 난)으로 황궁에서 쫓겨나 연금됐다. 사실상 굶어죽었다. 공덕은, 진짜 없었다.

- 벽암록(碧巖錄)
  대표적인 선어록. 『전등록(傳燈錄)』에 수록된 역대 공안(公案, 공인된 화두) 1,700칙(則) 가운데, 학인들의 참선수도에 가장 중요하다고 생각되는 100칙을 선별해 묶었다. 설두 중현(雪竇重顯, 980~1052)이 송(頌)을 붙이고 원오 극근(圜悟克勤, 1063~1125)이 평석했다. 원오의 제자이자 간화선(看話禪)의 창시자인 대혜 종고(大慧宗杲, 1089~1163)는 외려 스승의 역작을 불살라버리기도 했다. 문학적으로 매우 뛰어난 터라, 후학들이 행어 말꼬리만 붙잡고 늘어지지 않을까 염려해서다.

007
마음 밖에선 아무 일도
일어나지 않는다

– 보리 달마, 『혈맥론』

마음 마음 마음이여.
도대체가 속을 알 수 없는 놈.
기분이 좋으면 온 세상을
제 몸 아끼듯 포용하다가도,
한번 삐치면 바늘 하나 꽂을 자리조차
남에게 양보하지 않으니.

/

마음이 있어서 배가 고프고 마음이 있어서 졸음이 온다. 마음이 있어서 싹이 트고 마음이 있어서 꽃이 진다. 마음이 있어서 선이 존재하고 마음이 있어서 악이 존재한다. 마음이 있어서 하고 싶고 마음이 있어서 차마 못하겠다. 마음이 있어서 싸우고 마음이 있어서 화해한다. 마음이 있어서 과거를 보고 마음이 있어서 미래를 본다 한다. 마음이 있어서 삶에 힘이 붙고 마음이 있어서 죽음은 두렵다. 마음이 있어서 천당에 떨리고 마음이 있어서 지옥에 혹한다.
 마음 밖에선 아무 일도 일어나지 않는다. 마음을 쉬면 아무 일도 없다.

008

더러워서 못 살겠다는 삶도, 그 더러움의 크기만큼 거룩한 것이다

— 보리 달마, 『혈맥론』

'부처'란 곧 부처가 아니다.
'부처'라는 견해를 세워 제풀에 중생이 되지 마라.
바깥에서 부처를 찾는 이유는
자기의 마음이 부처인 줄 모르기 때문이다.
부처를 찾고자 한다면 반드시 성품을 보라.
성품을 보는 것이 바로 부처다.
부처를 가지고 있으면서 '부처'에게 절하지 말고,
마음을 가지고 있으면서 '부처'를 생각하지 마라.

/

본성대로 사는 일이란 결국 자기답게 사는 것이다. 하기야 무얼 가지고 '자기다움'이라 규정할지는 애매한 게 사실이다. 내가 꿈꾸는 나는 상상일 뿐이고, 내가 잃어버린 나는 기억일 뿐이다. 개성으로서의 나는 옷 벗으면 그만이고, 직함으로서의 나는 오래 못 간다. 내가 바라보는 나는 형상일 따름이고, 내가 지키려는 나는 고집의 다른 이름이다.

  이렇듯 존재로서의 나는 항시 빈틈을 남기고 끊임없이 밟힌다. 어쩌면, 나사가 한두 개쯤 빠진 이 모든 것들이 순간순간의 '자기다움'일 것이다. 그때그때의 선택과 도전이 '자기다움'이다. 행여 쓰러지더라도, 밉보이더라도. 본성을 포기해선 안 된다. 어떻게든 어찌 됐든 살아 있다는 것. 그 어떤 정의나 지혜라도 감히 범접할 수 없는 보편적이고 절대적인 진리다. 더러워서 못 살겠다는 삶도, 그 더러움의 크기만큼 거룩한 것이다.

009
마음은 어디에도 없지만 언제나 있다

— 보리 달마, 『안심법문』

마음은 실체가 없으므로
있는 것이 아니다.
그렇지만 생각이 멈추지 않으므로
없는 것도 아니다.
물론 생각은 헛것이므로
결단코 있는 것은 아니다.
그러나 헛것이라도 끊임없이 나타나므로
기어이 없는 것이 아니다.

/

마음은 어디에도 없지만 언제나 있다. 이게 사람을 미치게 한다. 있었으면 좋겠는데 어디 있는지 모르겠고, 없었으면 좋겠는데도 있다. 마음가는 대로 살기도 어렵고, 마음먹은 대로 살기도 어렵다. 내 마음이 내 마음 같지 않아서 답답하고, 남의 마음이 내 마음 같지 않아서 피곤하다. 남의 마음에 내 마음이 휘둘리면 수치스럽고, 내 마음이 남의 마음을 위해 쓰이면 죽다만 혼자서 오래 생각하다 보면, 무엇이 절대적으로 바르거나 나쁜 것은 없다는 이치를 경험할 수 있다. 저마다의 복잡하고 절절한 사연과 맥락을 이해하게 되면, 말을 삼가게 되고 존중하게 된다. 모든 것은 그럴 만하니까 그런 것이다. 식당에서 혼자 밥을 먹을 수 없다면, 인간이 아니다.

011
상대가 하는 만큼만 하라

- 『조주록』

어떤 유생(儒生)이 고불(古佛)이라 존경받던 조주(趙州)를 찾아왔다.

그는 조주가 손에 쥔 주장자를 갖고 싶었다.

"스님, 부처님은 중생이 원하는 것은 뭐든 다 들어주신다면서요?"

"그렇지."

말이 떨어지기 무섭게 유생은 주장자를 달라고 졸랐다.

조주는 정색했다.

"군자(君子)는 자고로 남의 물건을 탐하지 않는다."

"저는 군자가 아닌데요."

"나도 부처가 아니다."

/

조주의 인간적인 면모가 엿보이는 이야기다. 주장자(拄杖子)는 큰스님들이 짚고 다니는 크고 멋지게 생긴 지팡이다. 유생의 견물생심은 그래서 자못 이해가 간다. 동시에 조주의 쩨

쩨한 거절 역시 무턱대고 욕할 계제는 못 된다. 자신에게 소중한 것을 체면 때문에 넘겨줄 순 없는 노릇이다.

선가(禪家)에서 보는 순수한 마음이란 흔히 얘기하는 철부지의 마음이 아니다. 지금 그대로의 마음을 있는 그대로 드러내는 것이다. 아무리 착한 생각이라도 억지로 꾸며낸 것이라면 작위(作爲)일 뿐이다. 위선보다는 차라리 위악이 인간적이고, 자존심보다 중한 게 현실감이다. 상대가 내게 하는 만큼만 하고 사는 편이다. 내가 좋아하는 사람보다는 나를 좋아하는 사람을 만나야, 실망과 손해가 적다.

⊙ 조주 종심(趙州從諗, 778~897)
  검소하게 생활하는 동시에 시주를 권하지 않아 고불(古佛)이라 불렸다. 남전 보원(南泉普願)의 법을 이었다. '개에게는 불성이 없다', '뜰 앞의 잣나무', '차나 마시게' 등등 수많은 화두를 남겨 그의 선법은 구순피선(口脣皮禪)이라 회자된다. '입으로 선을 가지고 놀았다'는 뜻이다. 한국 나이로 120세까지 살았으며, 이는 선가(禪家)에서 최고령 기록이다.

012
마음의 평수를 줄여라

– 향엄 지한, 『사가어록』

지난해 가난은 가난이 아니고
올해 가난이 진짜 가난일세.
작년엔 그나마 바늘 꽂을 땅이라도 있었는데
금년엔 바늘마저 없구나.

/

열심히 벌어서 좀 더 넓은 집으로 옮겨 가고픈 게 보편적인 꿈이다. 반면 옛 선사들은 마음의 평수를 조금이라도 더 줄이려 안간힘을 썼다. 마음을 줄이고 줄여, 끝내는 먼지가 된 경지를 원했다.

마음이 가난한 자들의 선(禪)은 날탕이다. 과거를 묻지 않고 살림에 둔감하며 미래에 시큰둥하다. 희망도 결국은 욕망이라 여긴다. 찢어지게 쪼들리는 마음엔 절제한다는 생각조차 사치다. 누추한 마음엔 돈이 될 만한 건더기가 없어서 누구도 기웃거리지 않는다.

다만 궁색한 마음은 다들 깔봐서, 아무나 와서 자고 가거나 오줌을 싸고 간다. 물론 그러거나 말거나 흔연히 허락하고 묵묵히 방을 치운다. '속없기'로 따지면 세계 1위를 다툴 마음이다. 천하의 얼간이들이어서, 남의 몸을 제 몸 아끼듯 한다.

⊙ 향엄 지한(香嚴智閑, ?~898)
중국 당대(唐代) 스님. 백장 회해 밑으로 출가했다가 위산 영우의 법을 이었다. 산속에서 풀을 베다가 조약돌이 대나무에 맞아 내는 소리를 듣고 홀연히 깨쳤다. 등주(鄧州) 향엄산에 살았으며 제자가 1,000명이 넘었다.

013
착한 생각조차 허물이다

– 『종용록』

"한 생각조차 일으키지 않아도 허물이 있겠습니까?"
운문(雲門)이 말했다.
"수미산이니라."

/

수미산(須彌山)은 세상의 중심에 있다는 산이자 세상에서 가장 높다는 산이다. 그러나 상상 속의 산이어서, 사람은 하루에도 수십 번씩 수미산을 쌓을 수 있다.

은행에서 수미산을 찾아오는 길에 화장이 잘 먹은 수미산을 만나면 수미산이 그리워진다. 수미산이 아닌 데도 수미산이라 우기며 수미산 한가운데서 돌연 수미산이 당기기도 한다. 눈 뜨면 없을까 차마 눈 뜨지 못하고, 눈먼 정신으로 등성이를 오르거나 남의 발을 밟는다. 막상 눈을 뜨면 평지일 것을. 아무에게도 상처를 입히지 않을 것을.

⊙ 운문 문언(雲門文偃, 864~949)
설봉 의존(雪峰義存)의 법을 이었다. 운문종의 시조. '수미산!', '호떡!' 등 지극히 간단명료한 설법이 특색이다.

⊙ 오가칠종(五家七宗)
선종이 전성기를 누리던 당나라 말기부터 송나라 초기, 선종을 구성하던 분파. 위산 영우와 제자인 앙산 혜적의 위앙종(潙仰宗), 임제 의현의 임제종(臨濟宗), 동산 양개와 제자인 조산 본적의 조동종(曹洞宗), 운문 문언의 운문종(雲門宗), 법안 문익의 법안종(法眼宗)까지가 '오가'이며, 훗날 임제종에서 황룡파(黃龍派)와 양기파(楊岐派)가 나뉘면서 '칠종'이 됐다. 6조 혜능이 조사선을 완성한 이후 갈라진, 이른바 분등선(分燈禪)의 시대다.
선종의 초창기였던 당나라 중엽에는 4조 도신의 제자인 우두 법융의 우두종(牛頭宗), 5조 홍인의 제자로서 라이벌 관계였던 혜능(慧能)과 신수(神秀)의 남종(南宗)과 북종(北宗), 신수의 문하였다가 혜능에게로 전향한 하택 신회의 하택종(荷澤宗), '평상심'으로 인기를 끈 마조 도일이 세운 홍주종(洪州宗)이 있었다. 오가칠종 직전에는 남악·마조계와 청원·석두계 둘뿐이었다. 물론 정치적 대립에 의한 분열인 경우가 적지 않고 사상의 차이가 미세해, 계보를 깊이 알아둘 필요는 없어 보인다. 결국엔 전부가, 그저 자유롭게 살라는 가르침이었다.

⊙ 종용록(從容錄)
저본은 『굉지송고(宏智頌古)』. 북송 시대를 살았던 굉지 정각(宏智正覺, 1091~1157)이 이름난 선사들의 특출한 언행을 담은 100개의 고칙(古則)에 송(頌)을 붙인 문헌이다. 이후 원나라의 태조 칭기즈칸의 책사였던 야율초재(耶律楚材)의 청으로 만송 행수(萬松行秀, 1165~1246)가 『굉지송고』에 시중(示衆) 평창(評唱) 착어(着語)를 삽입한 책이 『종용록』이다. '종용록'이란 명칭은 만송이 원고를 집필했던 암자인 종용암에서 유래한다. 『벽암록』이 임제종의 고전이라면 종용록은 조동종을 대표한다. 조동종은 석두희천-약산유엄-운암담성-동산양개-조산본적으로 이어지는 문파다. 좌선(坐禪)을 중시한다. 반면 역동적이고 남성적인 행선(行禪)을 강조하는 임제종은 백장회해-황벽희운-임제의현을 계보로 하며 오늘날 대한불교조계종의 사상적 원류다. 『벽암록』이나 『종용록』이나 수록된 공안들은 엇비슷한데, 순서와 해석이 다르다.

014
메말라야 풍요로운 마음

- 『종용록』

위산(潙山)이 앙산(仰山)에게 물었다.
"어디서 오는가?"
"밭에서 옵니다."
위산이 다시 물었다.
"밭에는 몇 사람이나 있던가?"
앙산이 땅바닥에 가래를 꽂고는 합장하고 섰다.
이에 위산이 떠보았다.
"남산에선 많은 사람들이 띠를 깎더구나."
앙산은 가래를 뽑아들고 가버렸다.

/

스승의 물음은 '본래부처'라는 제자의 확신에 흠집을 내려는 수작으로 풀이된다. 싸움의 결과는 아랫사람의 완승이었다.

밭은 '마음 밭'을 뜻한다. 땅에서 만물이 생장하듯이, 마음에서 일체의 현상이 일어난다는 것을 비유한 심전(心田)이다. 그리고 심전은 공(空)해야 한다. 메마르고 황량하며 개미새끼 한 마리 얼씬하지 않는 마음 밭이 최고의 마음 밭이다.

밭에서 일하는 사람의 숫자를 묻는 질문은, 마음에 거치적거리는 게 있는지를 캐기 위한 점검이다. 이에 앙산은 '삽초(揷鍬)'로써 자신의 무념(無念)이 얼마나 강견한지를 고했다. '그입 닥치라'는 말의 육화(肉化)이기도 하다. 합장은 사실, 주먹감자다.

패배가 무척이나 아쉬웠는지, 위산은 게임이 끝났음에도 한 번 더 태클을 걸었다. '띠'는 무덤가에 나는 잡초이며, 주해(註解)에는 "띠를 깎는 것은 신하와 아들 쪽의 일"이라고 적혔다. 나는 '어중이떠중이의 일상'으로 읽었다.

곧 위산은 '끼리끼리 모여 이익을 가르고 명분을 따지며 수다나 떠는 삶'의 보편성을 들이밀며 앙산의 타락을 유혹하고 있는 셈이다. 도저히 들어줄 수가 없었던 앙산의 선택은 도망이었다. 어차피 우승컵은 그의 몫이다.

⊙ 위산 영우(潙山靈祐, 771~853)
  제자인 앙산과 함께 선풍을 크게 일으켰으며 그들의 계열을 위앙종이라 한다. 백장 회해의 법을 이었으며 앙산 혜적, 향엄 지한 등 뛰어난 선승을 길러냈다.

⊙ 앙산 혜적(仰山慧寂, 803~887)
  위산 영우의 법을 이었다. 출가하면서 손가락 두 개를 자를 만큼 용맹하고 다부졌다. 스스로 부처이고 원래부터 부처이며 죽어도 부처라고 믿었던 대장부다. 점수(漸修)를 이야기하는 자는 크게 꾸짖거나 거들떠보지도 않았다.

015
해박하다는 건
끝내 해박한 편견일 뿐이다

– 보조 지눌, 『수심결』

오로지 알 수 없음을 안다면,
이것이 바로 본래 성품을 보는 것이다.

/

앎이란, 덫이다. 아는 만큼 보인다지만 동시에 아는 만큼 갇히는 법이다. 섣불리 단정하면서 움츠러들거나 우격다짐으로 남의 발목을 잡기도 한다. 앎에 눈이 뒤집히면 '모름'을 '나쁨'이라고 읽게 된다. 해박하다는 건 끝내 해박한 편견일 뿐이다.

객관성이 주로 유통되는 공간은 법정이나 정치판이다. 이른바 '사실'은 으레 소통이 아닌 경쟁에 활용된다. 모든 꽃은 필경 마음속의 꽃이다. 무언가를 보고 있다는 건, 무언가를 보고 있는 마음을 보고 있는 것이다. 한낱 마음놀음에 마음 상할 필요가 없다는 단지불회(但知不會).

⊙ 보조 지눌(普照知訥, 1158~1210)
25세에 승과(僧科)에 급제했으나 출세를 단념하고 조계산 송광사에서 정혜결사를 일으켰다. 정혜결사(定慧結社)는 세속화되고 정치화된 제도권 불교에 맞서, 오로지 산중에서 선 수행에만 전념하자는 취지로 만들어졌다. 입적 후 불일보조(佛日普照) 국사(國師)라는 시호를 받았다. 제자인 진각 혜심(眞覺慧諶)이 비석을 세웠다. 저술로 『진심직설(眞心直說)』, 『수심결(修心訣)』, 『계초심학인문(誡初心學人門)』, 『정혜결사문(定慧結社文)』 등이 있다. '깨달은 뒤에도 업을 씻으려면 수행을 계속해야 한다'는 돈오점수(頓悟漸修) 이론이 유명하다. 많은 불교학자들이 이를 따른다. 성철 스님이 '완전히 깨달으면 수행이 필요 없다'는 돈오돈수(頓悟頓修)를 주장하면서 크게 논쟁이 일었다.

016
멍 때리는 것조차 일이다

- 『선문염송』

석두(石頭)는 약산(藥山)의 스승이었다.
"너 거기서 뭐하냐?"
"아무것도 안 하는데요."
"그렇다면 그냥 한가롭게 앉아 있는 게로구나."
"한가롭게 앉아 있다면, 하는 일이 있는 겁니다."

/

무심(無心)이란 아무것도 담아두지 않는 마음이다. '앉아 있다'는 생각에 머물게 되면, 응당 '눕고 싶다'는 욕심과 '앉아 있지 못하게 되면 어떡하지'라는 불안과 '왜 너만 누워 있느냐'는 질투에 휩쓸리게 마련이다. 생각하지 않으면 아무 일도 일어나지 않는다.

마음은 맑고 투명한 청정수와 같아서… 오래 놔두면 썩는다. 제때제때 버려야 한다. 밑을 닦았든, 불성을 닦았든.

- 석두 희천(石頭希遷, 700~790)
  중국 선종(禪宗)의 제6조(祖)인 혜능(慧能) 아래로 출가했다. 청원 행사(靑原行思)의 법을 이었다. 석두라는 이름은 '돌대가리'여서가 아니고, 바위 위에 암자를 짓고 좌선을 즐긴 데서 유래했다. 거기서 〈초암가(草庵歌)〉가 나왔다.

- 약산 유엄(藥山惟儼, 745~828)
  석두 희천의 법을 이었다. 중국 호남성(湖南省) 약산에서 선풍(禪風)을 크게 일으켰다.

- 선문염송(禪門拈頌)
  고려시대 진각 혜심(眞覺慧諶, 1178~1234) 선사가 지은 우리의 문화유산이다. 선가(禪家)의 옛 일화 1,125칙과 이에 대한 선승들의 주해와 논평을 채집해 엮었다.

017
잘못 들어선 길도, 길이다

- 『선문염송』

옛날 어떤 노파가 외딴 암자에 살던 한 스님을 뒷바라지하고 있었다. 끼니때가 되면 친딸의 손에 밥을 들려 암자로 보냈다. 봉양한 지 20년이 되던 즈음, 그녀는 스님의 도력(道力)을 시험해보고 싶었다.

딸에게 스님을 와락 껴안으라 하고는 무슨 느낌이 드느냐고 여쭈라 시켰다. 젊은 여인의 '도발'에 당한 노승의 대답. "마른 나무가 찬 바위에 기댔으니 한겨울에 따뜻한 기운이 없도다." 딸이 돌아와 노승의 반응을 고하자 노파는 갑자기 화를 냈다.

"내가 20년 동안 한낱 속한(俗漢)을 먹여 살렸구나!" 득달같이 스님에게 달려간 그녀는 암자에 불을 질러버렸다.

/

'파자소암(婆子燒庵)'이란 이름의 화두다. 노파의 다혈질 탓에, 소박하긴 해도 멀쩡한 집이 불타버렸다. 물론 노승(老僧)의 위선이 빌미를 제공했다. 얼핏 매력적인 여자의 노골적인 유혹에도 넘어가지 않을 만큼, 굳건한 도를 이룬 듯싶다.

그러나 그의 도는 굳건하기 이전에 굳어 있는 도다. 늘그막에 망신살 뻗칠까 싶어 바짝 몸을 사리는 모양새다. 옹색하고 쩨쩨한 고목선(枯木禪). 그 동안 나를 시봉하느라 수고했다고 토닥여주든, 아니면 자빠뜨려버리든! 그는 체면이 아니라 마음을 보여줘야 했다.

  무심은 걸림 없는 마음이지 기력 없는 마음이 아니다. 그래서 무심으로 사는 인간을 출격대장부(出格大丈夫)라 하는 것이다. 툭하면 계산하고 눈치 보는 자를 '상남자'라 하지는 않는다. 남의 길을 기웃거리거나 망가뜨리는 자가 아니라, 누가 뭐래건 누가 어쨌건 제 갈 길을 가는 자다. 비교는, 악(惡)이다.

  오욕칠정은 죄악이기 이전에, 자연이다. 자신의 본성에 충실하되 결과에 책임을 지는 인생은 뜨거우면서도 담백하다. 도인의 삶은 조심스런 삶보다는 감내하는 삶이다. 잘못 들어선 길도, 길이다.

018

마음을 다무는 게 먼저다

– 태고 보우, 『태고록』

영천 물에 귀 씻지 말고 수양산 고사리 먹지 마라.
나는 세상 시비에 전연 관계하지 않는다.
날마다 맑은 물로 밝은 달을 씻는다.

/

중국의 고대사에 등장하는 충절(忠節)을 소재로 삼았다. 영천 물에 귀 씻은 자는 허유(許由)다. 그는 바르지 않으면 앉지도 먹지도 않았다. 반듯한 성품에 반한 요(堯) 임금이 왕위를 물려주려 하자, 극구 사양했다. 심지어 더러운 말을 들었다 해서 냇물에 귀를 박박 문질렀다. 나귀를 끌고 옆을 지나던 소부(巢父)가 연유를 물었다. 사연을 얘기해주자 소부는 기겁을 하며 멀리 상류로 올라갔다.

수양산 고사리는 백이(伯夷)와 숙제(叔齊)가 먹었다. 은(殷)의 주왕(紂王)을 척살하고 주(朱)를 개국한 무왕(武王)의 고사에 나오는 충신들이다. 거사를 함께 하자는 무왕의 제안에, 외골수 형제는 잘났건 못났건 주군을 폐하는 건 불의라며 역성혁명을 반대했다. 끝내 무왕이 집권하자 함께 산속으로 숨어든 뒤 고사리를 뜯어먹으며 살았다. 주나라에서 나는 곡식은 역겨워서 못 먹겠다는 게 이유였다. 세속의 권력을 혐오했던 허유와 소부, 백이와 숙제는 은군자(隱君子)의 전형이다.

으레 세인들이 흠모하는 캐릭터지만, 『태고록』의 구절은 은근히 비난하는 말투다. 따지고 보면 앉은 자리에 풀도 안 날 인간들이다. 금욕에의 집착도 탐욕 못지않게 볼썽사나운 법이다. 무엇보다 몸만 숨기는 게 아니라 숨겠다는 생각조차 없는 상태가 진정한 은둔일 것이다. 세상의 독(毒)을 손가락질하면서 마음속에 독을 키운다면 그 역시 별반 아름다운 일은 못 된다. 입을 다무는 것보다 마음을 다무는 것이 어렵고 또한 값지다.

⊙ 태고 보우(太古普愚, 1301~1382)
고려 스님. 13세에 양주 회암사로 출가했다. 46세에 중국으로 건너가 석옥청공(石屋淸珙)의 법을 이었다. 귀국해 은거하다가 공민왕의 청으로 왕사(王師)가 됐다. 권승이었던 신돈(辛旽)과의 갈등으로 속리산에 유폐되기도 했으나, 신돈이 죽은 뒤 다시 왕사로 복권됐다.

019
경쟁에서 이기는 근본적인 방법은 경쟁을 떠나는 것이다

– 퇴옹 성철, 『이뭐꼬』

자기를 내세우면 내세울수록 결국 저 잘난 싸움 마당에서 춤추는 미친 사람이 되고 말아서 마음을 닦는 길은 영영 멀어지고 마는 것이다. 그러므로 마음공부를 하는 사람은 세상에서 아무 쓸 곳이 없는 대(大)낙오자가 되지 않으면 안 된다. 오직 영원을 위하여 모든 것을 다 희생해서 버리고, 세상을 아주 등진 사람이 되어야 한다. 누구에게나 버림받는 사람, 어느 곳에서나 멸시당하는 사람, 살아나가는 길이 마음을 닦는 길밖에 없는 사람이 되어야 한다.

/

양아치가 이긴다. 가장 비열한 자가 가장 많이 가져간다. 천하의 돈은 끝내 판돈이며, 돈이 밀려드는 곳은 어디든 정글이다.

남을 짓밟고 남에게서 뜯어내기 위해 밟힘과 뜯김을 감수하는 일은 참혹하다. 한편으론 오늘 이겼다고 내일의 승리가 보장되는 것 아니며, 나는 놈 위엔 승천하는 놈이 있게 마련이다. 결국 경쟁에서 이기는 궁극적인 방법은 경쟁을 떠나는 것이다.

윗사람의 칭찬과 중용(重用)은 '앞으로 너를 적극적으로 이용해먹겠다'는 의지의 표현이다. 놀아주되 놀아나지는 말자. 일터에서 괴롭히는 자들이 있다면, 그들은 내게 '일'이지 '사람'이 아니라는 마음가짐이 필요하다.

자본주의가 밉다면, 내 마음 속의 자본주의부터 죽여야 한다. 소비는, 탐욕이다. 성장은, 착취다. 질투심으론 아무 것도 해결되지 않는다. 동서고금을 막론하고 세상은 모름지기 화투판이라는 통찰은, 어디서든 등지게 해주고 언제든 가볍게 해준다.

⊙ 퇴옹 성철(退翁性徹, 1912~1993)
불교의 핵심인 중도(中道) 사상을 체계화했다. 대한불교조계종 제6·7대 종정을 지냈다. 종정 추대식에 불참한 채, "산은 산이요, 물은 물이다"라는 법어단 보내 화제가 됐다. 죄인과 창녀와 노동자를 부처님이라 기린 1986년 부처님오신날 봉축법어가 압권이다. 평소 제자들에게 잠을 적게 잘 것, 말하지 말 것, 책을 보지 말 것, 간식을 먹지 말 것, 돌아다니지 말 것을 권했다. 불교 교리 전반을 설명한 『백일법문(百日法門)』은 고전이 됐다.

020
바람을 잡지도 않고
바람 따라 춤추지도 않는다

–『전등록』

바람에 깃발이 나부꼈다.
"바람이 움직인 것인가, 깃발이 움직인 것인가?"
어떤 학인은 바람이 움직인다 했고
어떤 학인은 깃발이 움직인 것이라 했다.
혜능(慧能)이 말했다.
"너희들의 마음이 움직인 것이다."

/

바람이 움직여야 비로소 깃발이 움직인다. 바람은 흔듦의 주체이고 깃발은 흔듦의 객체다. 바람이 원인을 제공했으니, 엄밀히 말하면 먼저 바람이 움직였다고 보는 게 현명한 판단이다. 그러나 깃발이 펄럭이지 않으면 바람이 불고 있다는 사실을 확인할 길이 없다. 깃발은 바람을 통해 깃발로서의 역할을 하고, 바람은 깃발에 힘입어 바람의 힘을 과시할 수 있다.

사람 사는 일도 이러하다. 윗선에서 교묘히 바람을 잡는 바람이든, 바람이 하라는 대로 춤추는 깃발이든, 다들 그렇고 그런 공생관계일 뿐이다. 마음이 움직이지 않으면, 바람이 움직여도 춥지 않고 깃발이 움직여도 동요하지 않는다. 화합은 본질적으로 야합이다. 사람은 본디 그 자체로 하나의 우주여서, 서로 완전하게 어울릴 수 없다. 자주 흔들리고 곧잘 쓰러지더라도, 믿을 것은 자신의 체력과 지혜뿐이다. 답답한가? 섭섭한가? 당신은 그저 당신의 삶을 살면 된다.

2장. 흐르도록, 놓아두라

021
참새는 참새이므로 부처다

-『조당집』

"저 참새에게도 불성(佛性)이 있습니까?"
동사(東寺)가 대답했다.
"있다."
"불성이 있다면 어찌하여 부처님의 머리 위에 똥을 쌉니까?"
"녀석에게 불성이 없다면 새매의 머리에다 똥을 싸겠지."

/

참새들의 사회에서 불상(佛像)은 쇳덩어리에 불과하다. 차라리 그들이 받들고 섬겨야 할 대상은 포식자인 새매다. 싹싹하게 굴면, 행여 한번쯤 눈감아주거나 나중에 잡아먹어줄지도 모르니까.

참새가 불상에 똥을 싸는 일은 인간이 변기에다 볼일을 보는 것만큼이나 자연스럽고 당연한 일이다. 그리고 그게 참새다운 삶이다. 참새의 삶은 참새만이 알고 참새만이 행할 수 있다. 참새가 참새로서의 조건 속에서 참새의 힘을 다해 최선을 다 하는 것. 그 이상의 능력을 바란다면 편견이고 폭력이다. 참새는 참새이므로 부처다.

⊙ 동사 여회(東寺如會, 744~823)
  마조도일의 법을 이었다. 동사(東寺)에서 살았다.

⊙ 조당집(祖堂集)
  전체 20권. 『전등록』보다 50여 년 빨리 편찬됐으며 현존하는 최고(最古)의 선종 종합 사서(史書)다.

022
누군가가 제시하는 길은
사실 그에게만 평탄했을 길이다

-『능가경』

달을 가리키면 달을 봐야지,
왜 손가락 끝을 보고 있냐?

/

　곰곰이 생각해보면, 살아오면서 남에게 분노한 적은 많지만 실망한 적은 없었던 것 같다. 다들 조금씩은 썩었고 일정하게 뒤틀려있음을 믿는다면, 요지경의 인생을 한결 수월하게 모면할 수 있다.
　누군가가 제시하는 길은 사실 그에게만 검증된 길이고 그 사람만이 재미를 봤던 길이다. 자신에게도 탄탄대로일 줄 알고 함부로 따라갔다가는 벼랑을 만나기 십상이다. 참고는 하되 의지해서는 안 된다. 불신보다 위험한 것이 맹신이다.

⊙　능가경(楞伽經)
　　부처님이 능가산에서 설법한 내용을 모은 경전. 달마가 혜가에게 법을 전하며 함께 쥐어준 책이다.

023
아서라, 닥쳐라, 꿈 깨라

– 보리 달마, 『혈맥론』

경전을 외우면 똑똑해질 거다. 계율을 잘 지키면 다음 생엔 천당에서 태어날 것이다. 남에게 베풀면? 그래 복을 받겠지. 모두 다 훌륭한 일이다. 그런데 어쩌지? 거기에 부처는 없는데.

/

'달마가 동쪽으로 온 까닭?' 많이들 궁금해 한다. 하지만 그 '까닭'이란 걸 찾기란 매우 어려운 일이다. 특별히 지고하거나 심오해서가 아니라, 그가 딱히 뭘 말해준 것도 보여준 것도 없기 때문이다. 중국에 체류하던 9년 동안, 달마는 거의 혼자 있거나 앉아 있었다.

도저했던 정지와 침묵의 시간은, 달마도로 남은 그의 얼굴에 압축되어 있다. 역대 최강의 카리스마는, 모든 것을 뭣도 아닌 것으로 넘겨버릴 수 있는 패기와 초연의 상징이다. 지금 존재하고 있다면, 존재는 그것만으로 완벽하다. 아서라, 닥쳐라, 꿈 깨라.

024
부처의 마음이란
아무것도 특별하게 여기지 않는 마음

- 조계 혜능, 『육조단경』

머무름이 없는 마음이
바로 부처의 마음이다.

/

"범소유상 개시허망(凡所有相 皆是虛妄)"이라는 『금강경』의 구절은 세계의 본질에 대한 설명이다. 무릇 상(相)이 있는 것들은 필연적으로 거짓되고 부질없다는 뜻이다. 모든 형상은 빛과 그림자를 동시에 갖는다. 공간에 의해 묶여 있어야 하며 시간에 의해 늙어간다. 칭찬을 들은 만큼 욕도 먹어야 한다. 특별히 잘나서도 못나서도 아니다. 양각(陽刻)과 점멸(漸滅)이라는 존재의 숙명적인 양식에서 비롯된 과보다. 이 세상 모든 생명은 '모난 돌'이다.

『금강경』엔 "응무소주 이생기심(應無所住 而生其心)"이라는 말도 있다. 이토록 허무하고 비루한 숙명을, 이러구러 견딜 만한 것으로 순치하기 위한 방법론이다. 형상이 허망하다면,

그걸 바라보는 마음도 허망하게 놔둬야만 손익분기점이 맞는다. '머무르지 말고 그 마음을 내라'는 건, 이것에든 저것에든 마음을 가두지 말고 그때그때 흘려보내라는 위로로 들린다. 너무 앞서가거나 지레 겁먹지 말고 만물의 흐름과 보조를 맞추라는 조언인 셈이다. 부처의 마음이란 특별한 마음이 아니라, 아무것도 특별하게 여기지 않는 마음이다.

025
세상만사가 마음놀음,
결국은 마음을 가지고 놀 줄 알아야 한다

- 『마조어록』

   도(道)란 닦아서 이루어지는 게 아니다. 오직 더러움에 물들지만 않으면 된다. 더러움에 물든다는 것은 무슨 뜻인가. 생사가 있다는 생각에 이런저런 일을 벌이는 것을 더러움에 물든다고 하는 것이다. 도를 이루고 싶은가. 평소의 이 마음이 바로 도다. 평소의 이 마음이란 무엇인가. 짐짓 꾸미지 않고, 이러니저러니 따지지 않고, 마음에 드는 것만 좇지 않고, 무엇이 있다느니 없다느니 따지지 않고, 평범하다느니 성스럽다느니 차별하지 않는 것이다. 지금 이렇게 걷다가는 멈추고 앉아있다가는 눕기도 하는 것. 상황과 조건에 따라 움직이는 이 모두가 바로 도인 것이다.

/

   마조는 평상심(平常心)이란 개념으로 불교사에 이름을 남겼다. 평상심이란 지금 이대로의 마음이다. 유유히 흘러가는 마음이며 흘러가는 마음을 붙잡지 않으려는 마음이다.

만물과 매사를 존중하고 수용하는 마음이다. 분별하지 않는 마음이다. 있으면 있는 대로 없으면 없는 대로 버틸 줄 아는 마음이다. 없다고 깔보지 않고, 있다고 숙이지 않는 마음이다. 앉아야 할 때는 앉고 걸어야 할 때는 걸으며, 안주하지 않고 푸념하지 않는 마음이다.

　세상만사가 마음놀음이다. 곧 세상을 이기고 싶다면, 마음을 가지고 놀 줄 알아야 한다. 최고의 재테크는, 멘탈을 잡는 것이다.

⊙　마조 도일(馬祖道一, 709~788)
　　남악 회양의 법을 이었다. 중국 강서성(江西省) 개원사(開元寺)를 중심으로 선풍을 크게 일으켰으며 홍주종(洪州宗)을 개창했다. 평상심시도(平常心是道, 평소의 마음이 그대로 진리), 즉심시불(卽心是佛, 마음이 곧 부처)이라는 담백한 논리로 대중의 마음을 휘어잡았다. 조사선의 최고봉을 꼽으라면 임제 의현과 함께 늘 언급되는 인물이다.

026
포화 속에서도 밭일을 할 수 있다면

— 『방거사어록』

무쇠소는 사자의 포효를 두려워하지 않는다.

/

역대 조사(祖師)들은 주어진 환경과 조건으로부터 자유로운 사람들이었다. 삶의 내용을 따지지 않았고 삶의 방식에 구애받지 않았다. 소음과 멸시를 묵묵히 들어줬고 누가 때리면 더 맞아줬다. '언제 어디에 있어도 나는 부처'라는 자존감으로 똘똘 뭉쳤던 덕분이다.

참음은 인간의 가장 고귀한 이성(理性)이다. 가장 낮고 더러운 곳에서도 족할 수 있는 자에게만 피어나는 강철 멘탈. 포화(砲火) 속에서도 밭일을 할 수 있는 자의 마음은, 겨울이어도 봄이다.

⊙ 방거사(龐居士, ?~808)
  본명은 방온(龐蘊). 스님이 아닌 재가자로서 깨달은 자다. 과거시험을 보러가던 도중 여관에 들렀는데, "관직에 오르는 게 부처가 되느니만 못하다"는 어느 객승의 꼬임에 빠져 출세를 포기했다. 마조 도일 선사의 문하에서 공부하다 깨쳤다. 전 재산을 강물에 던져버린 뒤, 바구니를 만들어 팔며 생계를 이었다.

027
쓸모없는 존재는 없다
– 『운문록』

"도(道)란 무엇입니까?"
운문이 말했다.
"똥막대기다."

/

'똥막대기〔간시궐(幹屎厥)〕'는 똥덩어리가 아니라 오늘날의 휴지에 필적한다. 대변을 보고난 뒤 뒷물을 하기 전에 똥구멍을 대충 문지르던 도구를 가리킨다. 여하튼 더러운 물건이고 하찮은 물건이다. 한편으론 위생을 위해 없어서는 안 될 물건이기도 하다. 금은보화로는 똥 못 닦는다. 세상에 쓸모없는 존재는 없다.

도란 어디에나 깃들어 있다. 나름의 기능으로 세상에 기여하고 있다면 무엇이든 보살이다. 그리고 쓸모보다는 허세를 구하니 지갑에서 돈이 비는 법이다. '똥폼'에 취한, '똥막대기'보다 못한 것들. 모두가 깔보는 것도 값지게 활용할 줄 아는 사람, 그 사람이 바로 도인이다.

028
빛과 그림자, 빛은 그림자

– 석두 희천, 『전등록』

밝음 가운데 어둠이 있거든 밝음으로써 만나려 하지 말고,
어둠 가운데 밝음이 있거든 어둠으로써 보려 하지 마라.
밝음과 어둠이 상대됨은 마치 앞뒤의 발걸음 같은 것.

/

 빛은 그림자를 남긴다. 빛은 그림자가 자신이 저지른 죄인 줄 모르고 그림자를 괄시한다. 임대료를 올려달라고 요구하거나 제 아이들이 그들의 아이와 만나는 것을 금한다.
 반대로 그림자는 빛이 부럽기만 하다. 빛에게도 빛이 있고 그늘이 있는데, 어두워서 못 본다. 각자 살기 바쁜 빛과 그림자는, 한 몸인데도 만나지 못한다.
 훗날 그림자는 그림자대로 눈이 멀고 빛은 빛대로 뜨거움을 못 이겨 사경을 헤매게 되면, 그때서야 서로를 찾을 것이다. 다 늙은 몸뚱이로 사랑을 해보겠다고, 썩어빠진 정신으로 희망을 만들어보겠다고, 원래부터 똑같았던 놈들끼리 화해를 용서를.

029
손잡이를 구하지 않는 삶

– 대룡 지홍, 『전등록』

"어떤 것이 부처입니까?"
"바로 그대다."
"어떻게 깨닫습니까?"
"아직도 발우에 손잡이가 없는 것을 번거로워하는가?"

/

발우에 손잡이가 있으면 편리하다. 그래서 손잡이가 없는 발우보다 비싸다.

앉으면 눕고 싶고, 말을 타면 경마 잡히고 싶은 게 인지상정이다. 인간은 살림에 필요한 도구를 사기 위해 누군가의 도구가 되어 열심히 일한다. 아울러 도구적 존재로서의 한계를 극복하기 위해 한탕을 노리거나 남의 인생을 가루로 만들기도 한다.

내실보다 실속을 중시하는 사회에선, 전시(戰時)가 아니어도 모두가 전사(戰士)가 되고 만다. 그러나 발우에 손잡이가 없다고 해서 밥을 담을 수 없는 것은 아니다. 밥을 먹을 때는 밥의 조건을 따지지 말고 밥만 먹을 일이다. 그러면, 뭘 먹어도 맛있다.

⊙ 대룡 지홍(大龍智洪, ?~?)
  중국 송대(宋代) 스님. 백조 지원(白兆智圓)의 법을 이었다. 그다지 밝혀진 행적이 없다.

030
한 생각 내면 병이고,
한 생각 버리면 약이다

– 『벽암록』

운문이 말했다.
"약(藥)과 병(病)이 서로를 치료한다. 온 대지가 약이다. 무엇이 자기인가?"

/

누구나 가슴 속에 원수 한두 명쯤은 안고 산다. 그것은 술주정뱅이 아버지일 수도, 바람난 어머니일 수도, 돈을 떼먹은 친구일 수도, 죽인 뒤에 그 고기를 취하고 싶은 직장상사일 수도, 어깨를 치고 간 행인일 수도, 일절 도와주지 않는 세상일 수도 있다.

그들은 분명 병이지만, 동시에 약이기도 하다. 오기와 집념을 가져다주고, 보다 알차고 슬기로운 인생을 선사하는 덕분이다. 반면교사는 성질이 고약하지만, 실은 가장 훌륭한 스승이다.

'저렇게 살지는 말아야겠다'는 적개심이 '저렇게 살 수도 있겠구나'라는 동정심으로 변화하기까지는 꽤 오랜 시간이 걸린다. 수행이란 원수의 이름을 하나씩 지워가는 일이다. 적들이 더 이상 자신의 삶에 생채기를 낼 수 없도록 말랑말랑한 것으로 만들어가는 작업이다.

그리하여 '한 생각 내면 병이고, 한 생각 버리면 약'이라는 초연의 극치에 도달하는 것. 아무런 가식과 치장 없이 그저 존재한다는 사실만으로 만족할 수 있다면, 거리낄 것도 거슬릴 것도 없어진다.

031
가장 평범한 것이 가장 특별한 것

– 『벽암록』

모든 법은 하나로 돌아가는데,
그 하나는 어디로 돌아가는가.

/

"만법귀일(萬法歸一) 귀일하처(歸一何處)?" '모든 것은 마음이 만든다(一切唯心造)'거나 '삼계는 오직 마음(三界唯一心)'이라거나 '마음 밖에 다른 법이 없다(心外無別法)'거나 등등의 잠언에서 보듯, 선가에선 마음이 근본임을 누누이 강조하고 있다. 삼라만상과 세상만사가 결국 마음놀음이라는 것이다.

그런데 인간이 빠지기 쉬운 함정이 바로 '원조'에 대한 환상이다. 마음이 근원이라면, 다시 마음이 무엇인가에 대해 궁리하고 논쟁하며 마음을 실체화하는 우를 범하게 마련이다. 마음을 닦겠다면서 쓸데없이 몸을 괴롭히고, '내 마음'이 '네 마음'보다 더 높다면서 으스댄다. 곧 '귀일하처'라는 역질문은 섣부른 환원주의에 대한 경고다.

그러나 제자의 당돌한 물음에 조주 종심 선사는 일절 당황하지 않았다. "내가 청주에 있을 때 베적삼 하나를 지어 입었는데 그 무게가 일곱 근이었지." '일곱 근 베적삼'이란 삶의 무게를 가리킨다. '삼베가 세 근'이란 유명한 화두와 맥락이 일치한다. 삶이란 스스로가 감당해야 할 몫이다. 아무도 대신할 수 없고 대속할 수 없다.

만법은 끝내 삶으로 돌아온다. 만법에 휘둘리느냐 마느냐는 전적으로 마음먹기에 달렸다. 마음은, 그냥 놔두기만 하면 더없이 한가롭고 풍족하다. 만법이 아무리 설치고 날뛰더라도, 남의 마음을 힐끔거려선 안 된다. 제 몸은 제 힘만이 건사할 수 있다. 있는 그대로의 자기를 온전히 사랑할 수 있다면, 가장 평범한 것이 가장 특별한 것임을 알게 된다.

032
차와 술의 차이

-『선문염송』

조주가 어떤 객승에게 물었다.
"예전에 여기 와본 일이 있는가?"
"예, 왔었습니다."
"그래? 그럼 차나 마시고 가게."
또 다른 객승에게 물었다.
"예전에 여기 와본 일이 있는가?"
"아니오, 없습니다."
"그래? 그럼 차나 마시고 가게."
절의 살림을 맡아보는 원주(院主)가 따졌다.
"어찌하여 스님께선 와봤던 사람에게도 차나 마시라 하고 와보지 않았던 사람에게도 차나 마시라 하십니까?"
원주를 물끄러미 바라보던 조주가 "원주야!" 하고 불렀다.
"네."
"너도 차나 마시고 가라."

산사는 산에 있다. 산에 있어서 적막하고 산에 있어서 가기가 쉽지 않다. 정적과 고독으로써만 자신을 증명하므로, 시비를 일으키지 않고 시비에 당하지도 않는다.

　그래서 산사에선 차(茶)가 어울린다. 차는 술처럼 쓰지만 술처럼 톡 쏘지는 않는다. 술에 취해 주절거리는 삶은 거창하지만 비틀거린다. 자고로 술에만 족하는 술자리는 없다. 떠들기 위해 술을 마시고 욕하기 위해 술을 마신다. 자꾸 사람을 부르게 한다. 또한 모인 사람들끼리는 덜 취하면 우정을, 많이 취하면 욕정을 주고받는다.

　술잔 속의 마음은 흥겨우나 혼곤하다. 반면 차를 마시는 정신은 술을 마시는 정신과는 달라, 온전히 차에만 집중할 수 있다. 가라앉은 마음속으로 망상도 잠긴다. 혼자 마셔도 괜찮고 둘이 마셔도 조용하다. 과장되지 않고 흥분하지 않는 삶으로 돌아갈 수 있다. 술이 열려 있어 시끄럽다면, 차는 닫혀 있어 순정하다.

　술을 마시면 깨어야 하지만 차를 마시면 늘 깨어있을 수 있다. 절에 와본 적이 있든 없든, 삶은 누구에게나 무겁다. 술은 삶을 달래주고 차는 삶을 도와준다. 돌이킬 수 없다면, 그냥 마셔버릴 것.

033

남의 삶을 살려니
제대로 살지 못하는 것이다

– 『종용록』

염관(鹽官)이 어느 날 시자(侍者)를 불러 무소뿔로 만든 부채를 달라고 말했다. 시자가 "부채는 부서졌다"고 답하자 "부채가 망가졌거든 무소라도 돌려 달라"고 다시 일렀다. 무슨 소린가 싶은 시자는 말문이 막혔다. 그때 자복(資福)이 나타나 땅에 일원상(一圓相)을 그린 뒤 그 안에 '牛(우)'라고 썼다.

/

선어록에 수록된 언설들은 대부분 대화다. '불법(佛法)은 일상에 있다'는 메시지를 강조하기 위한 장치다. 그렇다고 아무 대화나 가져다 처바르는 것은 아니다. 선지식(善知識)들은 말속에 칼을 담는다. 알아보는 자들은 그 칼을 꺼내 휘두른다.

염관이 요구한 '무소뿔 부채'는 단순히 부채가 아니라 불성(佛性)을 가리킨다. "무소라도 돌려달라"는 건 너의 부처다움을 일껏 드러내 보이라는 뜻이다. "무소의 뿔처럼 혼자서 가라"는 『법구경』의 유명한 구절이 겹치는 대목이다.

자복의 그림은, 훈수다. 구도의 과정은 으레 심우(尋牛)로 표현된다. '마음이 곧 부처'이니, 마음 내키는 대로 한번 질러 보란다. 그러나 선문답에서 법명이 아닌 직함으로 불리는 자들은 하나같이 미련하다. 일에 치이다 보면, 모든 게 일로만 보인다.

　말길을 못 알아들은 시자는 부채에서 부채만 보는 고지식쟁이다. 본래는 절을 하거나 한방 먹였어야 했다. '내 부처는 내가 알아서 챙길 테니 당신은 당신의 부처나 신경 쓰라'는 진짜 효도. 어떻게 살아 있든 순간순간이 삶의 진면목이다. 남의 삶을 살려니 제대로 살지 못하는 것이다.

⦿　염관 제안(鹽官齊安, 750~842)
　　마조 도일의 법을 이었다. 당나라 무종(武宗)의 파불(破佛) 이후 교단을 재건하는 데 크게 기여했다.

⦿　자복 여보(資福如寶, ?~?)
　　서탑 광목(西塔光穆)의 법을 이었다. 길주(吉州) 자복원에 머물렀다.

034

나는 존재한다, 그러므로 위대하다

– 『종용록』

설봉 의존(雪峰義存, 822~908)이 대중에게 설했다. "남산(南山)에 한 마리의 독사가 있으니 그대들은 부디 조심해야 할 것이다." 이를 들은 장경 혜릉(長慶慧稜, 854~932)이 말했다. "오늘 승당(僧堂) 안에서 많은 사람이 목숨을 잃었습니다."

어떤 스님이 현사 사비(玄沙師備, 835~908)에게 이날의 광경을 전했다. 현사는 설봉에 대해 "모름지기 우리 사형(師兄)쯤이나 되니까 그렇게 말할 수 있는 것"이라면서도 "하지만 나는 그렇게 말하지 않을 것이다."라고 밝혔다. 스님이 물었다. "그렇다면 화상(和尙)께서는 어찌 하시렵니까?" 현사의 대답이다. "굳이 남산까지 들먹여서 무엇 하겠는가."

운문 문언(雲門文偃, 864~949)은 주장자를 설봉의 얼굴에 냅다 던지고는 두려워하는 시늉을 했다.

/

남산이란 설봉산이며 곧 설봉이 머무는 거처다. 스스로를 독사에 빗댄 설봉은 자신의 법력(法力)이 타의 추종을 불허하는 것이라 뻐기고 있다. 설봉보다 서른두 살 아래인 장경은 스승의 비위를 맞춰줬다. "많은 사람이 목숨을 잃었다"는 건 당신의 법문에 모두가 '뻑이 갈' 정도로 감동했다는 역설(逆說)이다. 왠지 진지하기보다는 희롱하는 어투로 들린다.

"됐냐?!" 이런 식이다. 설봉의 후배인 현사도 한 마디 거들었다. 띄워주는 척하면서도 짐짓 먹이는 모양새다. 구태여 남산까지 언급할 필요가 없다는 말에는 '내가 갑(甲)'이라는 자긍심이 묻어난다. 그중에서도 '멘탈갑'은 운문이겠다. 가장 나이가 어린 하판이 종정(宗正)을 우롱한 꼴이다.

여하튼 '아사리판'이다. 난장판이란 뜻이 아니라, 원래 의미대로 '모범이 될 만한 승려'인 아사리((阿闍梨)들의 향연이다. '본래부처'들이 한데 모여 서로가 제 잘난 멋을 자랑하고 있다. 결론은 무승부. '나는 존재한다, 그러므로 위대하다'라는 논리 앞에선 직위도 무의미하고 법랍(法臘)도 거품이다. 깨닫는다는 건 '날것'으로 돌아가는 일이고 '날것'으로도 족한 삶이다.

한편 뱀은 징그러운 짐승이지만 무위(無爲)를 가르친다는 점에서 일견 영물(靈物)이다. 다리가 없어도 잘만 다닌다. 무엇보다 먹이를 씹지 않고 삼킨다. 맛을 가리고 간을 보는 자들은 뱀을 배워야 한다는 사족.

035

오직 모를 뿐이니,
오직 할 뿐

— 『종용록』

지장: 어디로 가려는가?
법안: 여기저기로 다니렵니다.
지장: 어떻게 다니려는가?
법안: 모르겠습니다.
지장: 모른다는 그것이 가장 가까운 길이다.

/

이성(理性)은 유능하지만 불완전하다. 과거는 지나갔고 미래는 오지 않았다. 정작 오면 한심하다.

인생은 내게 목숨을 주었으나 아무 때나 간섭하고 불시에 빼앗아간다. 사랑은 부재(不在)로써 존재한다. 남은 위험하고 나는 불안하다. 진실은 언제나 나와 너의 틈새에만 있다.

결국 오직 모를 뿐이니, 오직 할 뿐. 수처작주(隨處作主). 사랑에 상처받지 않을 원천적인 방법은, 내가 사랑하는 것이다. 입처개진(入處皆眞). 진실도 내 마음이 봐줘야만 비로소 진실이다. 아무렇게나 있어도, 나는 정녕 살아도 되는 짐승이었구나!

◉ 지장 계침(地藏桂琛, 867~928)
 중국 복건성 석산(石山) 지장원에 살 때는 '지장 계침'으로, 장주(漳州) 나한원에 살 때는 '나한 계침'으로 불렸다. 선사들의 법호(法號)는 대개 머물던 고장이나 사찰에서 따온다. 예컨대 임제 의현은 중국 하북성 진주 임제원(臨濟院)에서, 조주 종심은 조주(趙州) 관음원에서 선풍을 크게 일으켰다. 육조 혜능 선사는 '조계 혜능' 선사라고도 하는데, 중국 영남 소주부에 있는 이 산에 주로 머물렀기 때문이다. 혜능의 유지를 계승하고 있는 대한불교조계종이란 명칭의 유래다. 한편 마조(馬祖) 도일 선사는 속성을 그대로 써서 눈길을 끈다. 쉽게 말하면 '마씨 할아버지'라는 뜻이다. 그는 '지금 그대로의 마음이 부처의 마음'이라며 평상심(平常心)을 강조했다. 소탈했던 면모가 돋보이는 법호(法號)다.

036

아무리 좋은 것도 없는 것만 못하다

-『오등회원』

조주가 법당에 있는 제자에게 물었다.
"뭘 하느냐?"
"예불(禮佛)합니다."
"예불은 해서 뭐하느냐?"
"예불은 좋은 일입니다."
"아무리 좋은 일도 일 없음만 못하다."

/

행위에 목적이 개입되면 필연적으로 무거워진다. 그것이 좋은 일이든 나쁜 일이든 책임이 뒤따르기 때문이다. 무엇이든 의미를 부여하게 되면, 평소엔 아무렇지도 않게 하던 일이 돌연 부담으로 다가온다. '잘 해낼 수 있을까' 망설이게 되고 '잘하고 싶다' 집착하게 되며 '너는 왜 잘 못 하느냐' 구업(口業)을 짓게 된다.

일에 매이면 세상만사가 모두 '일'이다. 불안과 교만은 결국 행위에 종속되는 데서 일어난다. 먹고살자고 하는 짓거리들은 그래서 일정하게 짜증나고 치졸하다. 상대의 마음을 사는 데 연연하다 보면 인생은 정치판이 되고 연애는 노동이 된다. '하던 대로 하겠다'는 여유와 '되는 대로 살아도 좋다'는 기백은 살아서의 큰 짐을 덜어준다.

⊙ 오등회원(五燈會元)
영은 보제(靈隱普濟, 1179~1253) 선사가 지었다. 『경덕전등록(景德傳燈錄)』, 『천성광등록(天聖廣燈錄)』, 『건중정국속등록(建中靖國續燈錄)』, 『연등회요(聯燈會要)』, 『가태보등록(嘉泰普燈錄)』으로 이뤄진 『오등록(五燈錄)』을 하나의 책으로 개편했다. 『전등록』의 업그레이드 버전.

037

달은 굳이 태양이
아니어도 아름답다

- 『무문관』

봄에는 꽃이 피어서 좋고
가을엔 달이 밝아서 좋다.
여름엔 시원한 바람이 불어서 좋고
겨울엔 눈이 내려서 좋다.
무슨 일이든 마음에 담아두지 않고 한가롭게 지낸다면,
이것이 바로 호시절이라네.

/

태양은 눈부시게 빛나서 아름답고, 달은 굳이 태양이 아니어도 아름답다. 앉아 있으면 앉아 있어서 편하고, 서 있으면 서 있는 대로 힘이 난다. 어떠한 상황에서나 장점과 해법을 발견할 수 있는 관조와 감내(堪耐)의 능력은, 만성적 불경기의 현실에서 매우 요긴하다.

고향을 향한 연어의 발버둥은 온몸을 쥐어짜서 부르는 희망가다. 사력을 다해 거슬러오를 수 있다면, 어디에서는 등정(登

頂)의 기쁨을 맛볼 수 있다. 비록 녹록치는 않아도 결코 녹슬지 않는 삶의 경지를.

◉ 무문관(無門關)
　무문 혜개(無門慧開, 1183~1260) 선사가 역대 공안 48칙을 평석한 글. 『벽암록』, 『종용록』 등과 함께 대표적인 선서(禪書)로 꼽힌다. 오늘날엔 수행자들의 폐관(閉關) 정진을 무문관이라 한다. 한 평 남짓 어두운 방에서 하루 종일 화두를 드는 일이다.

038
나무가 산다, 나무도 산다

- 『무문관』

"불법(佛法)의 대의(大義)는 무엇입니까?"
조주가 말했다.
"뜰 앞의 잣나무다."

/

점심 먹고 나온 사람들이 삼삼오오 모인 공원에서 혼자 담배를 피운다. 아름드리나무는 아름답기에 앞서 불쌍하다. 도망갈 발이 없고 변명할 입이 없다. 저렇게도 사는데 못 살 것 뭐 있나, 싶기도 하다.

039
최고의 동반자는 자기 자신

- 『무문관』

중국 오대산 길목에 한 노파(老婆)가 있었다.
어떤 승려가 "오대산 가는 길이 어디냐"고 물었다.
노파는 "곧장 가라"고 일러줬다.
승려가 떠나자마자 노파는 탄식했다.
"멀쩡한 스님이 또 저렇게 가는구나!"

/

'그림의 떡'에 군침을 흘린 격이다. 앞길 창창했던 스님은 남의 말을 곧이곧대로 믿은 탓에 골로 보내졌다. 행여 제대로 찾아갔다손 그것은 노파의 오대산일 따름이다. 마음의 길은 외길이어서, 오로지 그 마음을 지닌 몸만이 걸어갈 수 있다. 묻는 순간 함정이고 기대는 순간 벼랑이다.

체득하지 못한 깨달음은 풍월이나 겉멋에 지나지 않는다. 가히 밥맛과 같아서, 구경하거나 학습한다고 얻어지는 게 아니다. 떼죽음은 겉으로 보거나 제3자가 보기에나 떼죽음이지, 당사자에겐 절대적인 죽음이고 말할 나위 없이 고결한 죽음이다.

누구에게나 자기만의 가치가 있게 마련이다. 그것은 숨어있는 만큼 소중하고 몰라주는 만큼 절박하다. 그래서 나에게 최고의 동반자는 결국 나다.

이런저런 '갑질'에서 보듯 살아 있음의 권리는 남이 가져가기 십상이지만, 살아 있음의 책임은 오로지 내게만 부과된다. 사랑하는 사람이 사랑하는 사람에게 줄 수 있는 건, 사랑뿐이다. 인생의 허다한 나머지는, 기어이 그 인생을 짊어진 자의 몫이다.

마음을 나눈다지만 나는 그대의 마음을 얻고 싶을 뿐이고, 그대는 나의 가려운 곳을 긁어주었을 뿐. 각자의 몸에 묶인 마음은 그 몸 안에서만 유효하다.

040
무심은 뚝심이다

– 법정 스님, 『오두막 편지』

내 소망은 단순하게 사는 일이다. 그리고 평범하게 사는 일이다. 느낌과 의지대로 자연스럽게 살고 싶다. 그 누구도, 내 삶을 대신해서 살아줄 수 없다. 나는 나답게 살고 싶다.

/

야구에는 'BABIP(Baseball Average on Balls In Play)'이란 통계지표가 있다. 인플레이된 타구, 곧 타자가 때려서 파울라인 안쪽에 떨어진 공이 안타가 될 확률을 뜻한다. BABIP이 높을수록 타율이 올라가는 건 당연지사다. 따라서 BABIP의 고저(高低)는 타자의 능력이 절대적으로 좌우할 거라고 생각하기 쉽다. 그런데 BABIP의 가장 중요한 상승요인은 '운(運)'이라는 것이, 전문가들의 공통된 주장이다. 실제로 프로야구에선 본래 실력이 엇비슷함에도 BABIP이 1할 가까이 차이가 나는 것을 볼 수 있다. 운칠기삼(運七技三)이 단순한 속설을 넘어 법칙임을 증명하는 사례다.

한편 이렇듯 요행이 지배하는 경기라면 선수들은 기술을 연

마할 의욕을 잃기 십상이다. 관중들도 차라리 야바위를 구경하는 게 낫겠다며 좀처럼 경기장을 찾지 않을 것이다. 중요한 것은 게임을 계속할수록 BABIP은 기어이 해당 선수의 평균적인 타율로 수렴된다는 점이다. 시간의 힘과 인내의 힘을 보여주는 BABIP의 진실은, '야구는 인생의 축소판'이란 잠언에 무게를 실어준다. 일희일비하기보다는 길게 봐야 한다는 것. 외부적인 조건에 얽매이거나 휘둘리지 않는 것. 나 자신을 믿는 것. 마음은 추스르고 몸은 닦는 것. 무심(無心)은 뚝심이다.

⊙ 법정(法頂, 1932~2010)
370만 권이 팔린 『무소유』의 저자. 한국인이 가장 존경하는 종교인 설문조사에서 매년 최상위권이다.

3장.   깨달음은 붉다

041

거대한 순응

– 운문 문언, 『종용록』

남산에 구름이 끼니
북산에 비가 내린다.

/

조사선에 힘입은 도인들은 격외(格外)를 즐긴다. '격'이란 세속의 규격, 그러니까 세상 사람들이 만들어 놓은 틀을 의미한다. 따라야 하고 따르지 않으면 따돌림을 당하는 관습, 상식, 통념 등등이 포함된다. 규격화된 인간이 잘 사는 법이다. 그래서 너나 할 것 없이 제 살을 도려내고 뼈를 깎아가며 틀에 맞추려 하고 사람대접을 받기 위해 애쓴다.

반면 격외란 규격의 바깥을 따르는 길이다. 흔히 자유 혹은 초월이라고 이야기하지만 거대한 순응에 가깝다. 볼품없는 대로 비뚤어진 대로 살아가는 일이다. 구름은 남산에 끼었는데 정작 비는 북산에서 내리더라도, 기갈에 절망하지 않고 천명을 원망하지 않는다.

개선될 순 있어도 소멸하진 않는 것이 모순이다. 살다 보면 내 다리를 긁었는데 남이 시원해하고, 열심히 걷는다고 걸었는데 절벽과 마주하는 일이 적지 않다. 결국엔 '걸었다'는 사실을 믿어야 한다. 그것은 누구도 부정할 수 없는 역사요, 누구도 훼손할 수 없는 양심이므로.

042
잃었다 한들 본래 없었던 것이다

삼처전심(三處傳心)

(1) 다자탑전분반좌(多子塔前分半座)
가섭이 법회에 지각했다. 부처님이 말없이 가섭에게 자기 자리의 절반을 내어주었다.

(2) 영산회상거염화미소(靈山會上擧拈華微笑)
부처님이 대중 앞에서 꽃을 들어보였다. 오직 가섭만이 웃어보였다.

(3) 쌍림열반곽시쌍부(雙林涅槃槨示雙趺)
가섭은 부처님의 장례식에도 늦었다. 부처님은 가섭을 위해 관 밖으로 두 발꿈치를 내보였다.

/

부처님이 세 가지 장소에서 가섭이 자신의 후계자임을 천명했다는 일화다. '말로 다 못하는 사랑'보다 '말할 필요가 없는 사랑'이 더 애틋하다. '염화미소'는 참다운 소통을, '분반좌'는 인간관계의 해법을 다뤘다. 예컨대 화합은 어렵다. 다만 강자(强者)가 선뜻 양보하면 의외로 쉽게 풀린다.

'염화미소'가 순박한 마음이라면, '곽시쌍부'는 순정한 마음에 관한 이야기다. 열반하면서까지 가섭의 앞날을 챙겨줬다. 마음이 끌리는 사람에겐 잘해줄 수밖에 없는 게 인지상정이다. 사랑은 편파적이어서 사랑이다. 모두를 사랑한다는 건 아무도 사랑하지 않는다는 것이다.

또한 본인이 간택되지 못했다는 사실에 나머지 제자들은 아니꼬울 것이다. 물론 크게 아쉬워할 일은 못 된다. 부처님의 마음을 얻지 못했다손, 내 마음이 부처가 아닌 것은 아니니까.

밀리거나 까일 때마다 복용하면 정신건강에 좋은 말: 태산이 높다 하되 마음속의 산이요 잃었다 한들 본래 없었던 것이다.

043
이것은 이것대로 아름답고
저것은 저것대로 쓸 만하다

- 『마조어록』

남악(南嶽)이 열심히 좌선을 하고 있는 마조(馬祖)에게 물었다.
"그거 해서 뭐하려고 그러니?"
"부처가 되려고요."
이 말을 들은 남악은 주변에 뒹굴던 기왓장 하나를 집어 들고는 열나게 바닥에 문질러댔다.
"기왓장은 갈아서 어쩌시렵니까?"
"거울을 만들려고 그런다."
"에이, 그런다고 기왓장이 거울이 되겠어요?"
"그러는 너는? 좌선을 한다고 부처가 되는 게 아니다!"

/

선(禪)은 단순히 앉아 있는 것이 아니다. 앉아 있는 시간만큼 도통하는 것이라면, 깨달음은 고시생들만의 특권이겠다.
마음속에 그린 부처는 그냥 그림이다. 부처를 골똘히 생각한다손 부처에 대한 관념일 따름이다. 부처는 정해진 모양새가 없다. 항상으로 존재하지 않으니 생겨나지도 사라지지도 않는다. 아울러 모양새가 없으니 어떤 모양이라도 부처로 포용할 수 있다. 특히 생겨나지 않으니 사라짐의 슬픔으로부터 자유로울 수 있다.

   이것은 이것대로 아름답고 저것은 저것대로 쓸 만한 법이다. 서서 해야 할 일은 앉아서는 못 한다. 올 것은 기어이 오고, 또한 반드시 간다.

◉ 남악 회양(南嶽懷讓, 677~744)
   6조 혜능에게서 5년간 참학해 그의 법을 이었다. 청원 행사와 더불어 혜능의 2대 제자다. 그의 문하는 후일 선종의 주류가 됐다. 결정적으로 마조 덕분이다.

044
조그만 삶이 답이다

–『마조어록』

정신없고 부산하게 살기를 30년.
이제 소금과 된장 걱정은 겨우 덜었다.

/

남악의 핀잔에 마조는 각성했다. 그는 애당초 꿈꿨던 부처라는 게, 헛것임을 알았다. 공연히 마음을 어지럽히고 자기를 구속하는 망상에 불과했다. 그가 줄곧 강조한 '평상심시도(平常心是道)'란 일상 속의 소소한 마음 이상의 극락은 없다는 가르침이다. 그리고 즉심시불(卽心是佛). 세상만사 마음놀음일 뿐이니, 너무 나대지 말고 너무 쫄지도 말며 마음 가는 대로 여유롭게 살라고 권했다.

물론 삶의 이치를 알았다고 해서 삶의 내용이 술술 풀리는 건 아니다. 앎은 부딪히고 깨지면서 아물고 단단해진다. 마조가 절대적인 안정을 얻기까지는 무려 30년이 걸렸다. 몸은 늙히되 생각은 견고하게 해주는 것이 시간의 힘이다.

근황을 묻는 남악의 기별에 마조는 위와 같이 답했다. 그나

마 간신히 사람 구실은 하고 산다는 겸손의 표현이다. 염장(鹽
醬). 소금과 된장은 음식의 기본이다. 이것만으로도 생존은 가
능하다. 반면 지혜가 영글지 않은 이들에게는 부족한 것들이고
쪽팔린 것들이다.

  살림이 걱박하고 단조로울수록, 외부적 조건과 변수에 의해
뒤틀리거나 무너질 확률이 적어지는 법이다. 빈한했던 옛 선사
들이 소욕지족(少慾知足)을 권고했던 까닭이다. 불황과 급변
의 시대에 필요한 건, 이러나저러나 마음의 긴축.

  마음에 휘둘리지 않으려면 마음을 엄하게 다스려야 한다.
사람 자주 안 만나고, 남는 시간에 운동하고, 백화점은 웬만하
면 가지 않는 게 방법이다. 타인의 혀는 시뻘건 도끼이고, 몸이
단단해지면 마음도 단단해지며, 명품은 괴물이기 때문이다.

045
부처님조차 결국은 남이다

-『임제록』

깨닫고 싶은가?
다만 남에게 꺼들리지만 않으면 된다.
안에서나 밖에서나 만나는 대로 죽여라.
부처를 만나면 부처를 죽이고
조사를 만나면 조사를 죽여라.
부모를 만나면 부모를 죽이고
친척을 만나면 친척을 죽여야 비로소 해탈할 것이다.
세상에 속박당하지 않는 그대,
뼈마디 하나하나까지 자유로워지리라.

/

'살불살조(殺佛殺祖)'는 '내가 아닌 것'들이 쉴 새 없이 나를 흔들 때, 마음에 새기면 좋은 말이다. 부처님조차 결국은 남이다. 그의 지혜가 하늘을 덮고 그의 자비가 바다에 가득하다손, 나를 대신 살아주지도 죽어주지도 못한다. 부모는 나를 낳았으나 내가 되지는 못한다. 친척은 더 말할 나위가 없다. 명절스트

레스만 남기거나 보증 좀 서달라고 들이댄다.

  목숨은 하나뿐이다. 그 쥐꼬리만 한 걸 남과 나누겠다고? 사랑과 우정 혹은 국가와 민족을 들먹이며, 벼룩의 간을 빼먹겠다는 치들과 상대하지 말라. 주변에 사람이 없다고? 거리에도 TV에도 사람은 바글바글하다. 무엇보다 그대에겐 그대가 있다. 인맥관리 한답시고 바쁘게 돌아다니면서, 정작 그대를 만나본 적은 몇 번이나 있는지.

⊙ 임제 의현(臨濟義玄, ?~867)
    황벽 희운(黃檗希運)의 법을 이었다. 중국 하북성(河北省) 진주(鎭州) 임제원(臨濟院)에서 선풍(禪風)을 크게 일으켰다. 절대적이고 초월적인 대상이나 관념을 부정했으며 일상 속에서 자신의 본성을 자각하는 주체적 자유의 실현을 강조했다. 마조에게 평상심이 있었다면 임제에겐 무위진인이 있었다. 살불살조(殺佛殺祖)를 위시하여, 말투도 매우 거칠고 무서웠다. "일본 열도가 원자탄으로 녹아 없어지더라도 『임제록』 하나만 건지면 바랄 게 없다"던 일본인 불교학자의 격찬은 상징적이다.

046
무위진인? 나야 이 새끼야!

-『임제록』

"붉은 몸뚱이에 한 사람의 무위진인(無位眞人)이 있다. 항상 그대들의 얼굴을 통해서 출입한다. 아직 갈피를 잡지 못한 이들은 잘 살펴보길."

대중 사이에서 누군가 물었다.

"어떤 것이 무위진인입니까?"

임제가 돌연 법상에서 내려와 그의 멱살을 움켜쥐었다.

"말해봐라, 어떤 것이 무위진인가!"

대답을 계속 머뭇거리자, 임제는 그를 거세게 밀쳐버렸다.

"무위진인은 개뿔. 마른 똥막대기 같으니라고."

/

서서 일하는 것보다 앉아서 일하는 것이 편하다. 모임에 갔는데 나에게만 자리가 없다면 자못 당황스럽다. 잠자리를 바꾸면 선잠으로 고생하기 일쑤다. 이렇듯 '자리'란 삶의 질을 가늠하는 기초이며 사람다운 삶을 떠받치는 최후의 보루다.

자리가 있는 곳에 텃세가 있다. 서민들이 생계를 유지하기 위해 지불하는 피와 땀은 결국 자릿세다. 정치는 자리를 얻으려는 힘과 자리를 지키려는 힘이 맞서거나 붙어먹으면서 발전한다. 의자는 일견 무서운 물건이다.

자리가 사람을 만들고 사람은 자리 없인 아무것도 아니다. 거꾸로 말해 자리를 떼어놓고 보면 다들 도긴개긴인 셈이다. 제아무리 위세가 높다 한들 그 자리에 있으니까 그렇게 비춰질 따름이다. 또한 사정이 이러하니 설령 내가 그 자리에 올라간다손 거들떡거리지 말아야 한다.

무위진인(無位眞人)은 '자리 없는 참사람', '등급을 매길 수 없는 참사람' 쯤으로 해석된다. 자리가 없어도 개의치 않고, 자리로 상대를 판단하지 않으며, 근근이 살아도 느리게 간다면 누구나 무위진인이다. 드러눕기엔 '밑바닥'만큼 좋은 자리도 없다. 그러니까 "나야, 이 새끼야!"라고 말했어야지.

047
출구가 없다고? 벽을 부수면 된다

-『임제록』

　임제(臨濟)가 덕산(德山)에 대한 소문을 들었다. 덕산이 대중에게 법문을 하면서 "대답을 해도 몽둥이 30방, 대답을 못해도 몽둥이 30방"이라고 으른다는 것이었다.

　어느 날 임제는 자신의 시자(侍子)였던 낙보(樂普)를 불렀다. "대답을 했는데 어찌하여 몽둥이 30방이냐고 따져라. 만약 덕산이 너를 때리면 그 몽둥이를 잡아 던져버려라." 덕산을 찾아간 낙보는 임제가 시킨 대로 했다. 예상대로 덕산이 후려치려는 순간, 몽둥이를 가로채 냅다 내팽개쳤다. 덕산은 아무 말 없이 방장실로 돌아가 버렸다.

　낙보가 임제에게 돌아와 이 사실을 전했다. 임제는 득의양양했다. "내 진작부터 그 자를 의심하고 있었지. 그런데 그건 그렇다 치고, 너는 덕산을 보았느냐?" 낙보가 머뭇거리자 임제가 따귀를 올려붙였다.

/

　'말해도 맞고 말하지 못해도 맞는다.' 덕산의 '벼랑 끝 교육'

은 유명하다. 출구 없는 상황을 만들어놓고 제자들을 궁지에 몰았다. 이때 가장 적절한 대응은 선택이 아니라 반격이다. 웃어른의 으름장에 쫄거나 무엇을 고를까 전전긍긍하는 대신, 씩씩거리는 노인네에게서 몽둥이를 빼앗아버리는 것이 선가(禪家)의 정석(定石)이다. 출구가 없다면, 벽을 부숴서 만들면 그만이다.

마음이 시험에 드는 까닭은 뭔가 바라는 것이 있거나 구린 데가 있어서다. 그리고 산인(山人)들은 시험지로 딱지를 접거나 여차하면 그냥 씹어 먹는 자들이다. 그들은 그 자신만을 살 뿐, 절대 남에게서 구하지 않는다. 그럴듯한 답안을 찾아내려 골몰한다면, 이미 경계(境界)에 휘둘린 꼴이다. 병을 깨지 않고 병 속에서 새를 꺼내보라고? 병 속에 새가 들어갈 일이 없다.

무심(無心)이란 남이 쳐놓은 그물에 걸리지 않는 것이다. 분별심이 만들어내는 이런저런 샛길을 잘라내면, 외길만이 남는다. 중도(中道)는 그래서 집중의 길이고 용기의 길이다. 이런 맥락에서 낙보는 충분히 맞을 짓을 했다. 덕산의 몽둥이가 두려워 덕산의 진면목을 못 봤고, 임제의 꾸지람이 두려워 자기의 진면목을 잃었다.

- 덕산 선감(德山宣鑑, 782~865)
  용담 숭신(龍潭崇信)의 법을 이었다. 덕산에 머물면서 호쾌한 선풍을 날렸다. 학인들을 지도할 때 걸핏하면 몽둥이를 휘둘렀다. 분별망상을 날려버리라는 취지였다. 임제는 몽둥이[방(棒)] 대신 고함[할(喝)]을 질렀다. '덕산방 임제할'은 잔소리를 체질적으로 싫어하는 선가의 고유한 교육방식이다.

- 낙보 원안(樂普元安, 834~898)
  임제 의현에게 맞아가며 도를 묻다가 협산 선회(夾山善會)에게서 도를 얻었다.

048
수행은 단지 내려놓음이 아니라
내려놓을 수 있는 힘을 기르는 것이다

– 『조주록』

"달마가 서쪽에서 온 뜻은 무엇입니까?"
"앞니에 털이 돋았다."

/

　달마의 설법은 동시대에 마설(魔說)로 불렸다. 욕먹을 만했다. "누구나 부처"라며 부처님을 능멸했기 때문이다. 부처를 찾겠다고 억지로 고행하지 말고, 편견과 열등감만 걷어내라고 가르쳤다. 교단을 부정하는 그를, 교단은 가만 놔둘 수가 없었다. 이해한다. 하지만 독살했다. 달마는 솔직해서, 불온했다.
　달마에겐 앞니가 하나 없었다고 한다. 박해의 흔적이다. 그래서 주야장천 입을 꾹 다물고 있었다는 풍문이다. 단순히 창피해서 그랬을 수도 있겠으나, 판치생모(板齒生毛)는 사실 인내에 관한 이야기다. 전설 속의 선승은 앞니에 털이 나도록, 입 안이 썩어 문드러지도록 앙다물고 시련을 견뎠다. 불립문자(不立文字) "진리는 말로 전할 수 없다"는 약속을 끝까지 지켰다. 수행은 단지 내려놓음이 아니라, 내려놓을 수 있는 힘을 기르는 것이다.

049
'살아 있음' 안에는
응당 마려움이 있다

-『조주록』

"인생에서 가장 다급한 일이 무엇입니까?"
"오줌 좀 눠야겠다. 이런 사소한 일도 이 늙은 중이 직접 해야 하는구나."

/

똥과 오줌, 땀과 가래, 비듬과 코딱지… 몸뚱이가 쏟아내는 배설물들은 더럽고 비루하다. 반면 신체가 정상적으로 작동하고 있다는 증거이기도 하다. 고약하고 역겨우나 반드시 필요한 것들이다.

도(道)란 그럴싸한 관념이 아니라 현실 속의 생생한 이치다. 그러므로 오줌 누기를 부끄러워하지 말 것. 도는 멀리 있지 않다. 지금 이 순간에도, 입 냄새가 좀 나기는 하지만 어쨌든 분명히 숨 쉬고 있다.

'살아 있음' 안에는 응당 '마려움'이 있으며, 그것은 언제나 '말함'보다 앞서고 '꿈꿈'보다 구체적이다. 도를 생각하지 않을 때에도 오줌은 마렵다. 일을 잘 하는 것보다 똥을 잘 싸는 게 복이다. 마려우면 마려운 대로 싸자. 도를 체험하고 있는 시간이다.

050
'근본'은 '바닥'이 아니다

– 설봉 의존, 『전등록』

밥 광주리 옆에서 굶어죽은 사람,
강변에서 목말라 죽은 사람.

/

불의에 눈 감고 사는 사람들은 많다. 하지만 정작 행복에 눈 감고 사는 사람들도 적지 않다. 원대한 꿈 때문에 혹은 알량한 자존심 때문에 현재의 소소한 재미를 지나치기 일쑤다. 밥 광주리 옆에서 굶어죽었다면 밥만으론 만족할 수 없어서 그랬을 것이다. 객기가 허기를 앞질러간 과보다. 강변에서 목말라 죽었다면 물만으론 아쉬워서 그랬을 것이다. 싫증이 갈증을 압도한 게 패착이다. 기초 없이 서있는 건물은 없다. 밥과 물이 삶의 근본일진대, 세인들은 '근본'을 자꾸 '바닥'이라 폄하한다. 자고로 깨달음은 밥 먹고 물 마시는 일보다 쉽다고 했다. 사실 밥 먹고 물 마실 줄 알면 그 사람이 부처다. 그 이상을 원한다면 허영이며 그 이상을 요구한다면 사기꾼이다. 눈 뜬 장님에게 눈이란 그저 장식품이어서, 남에게 속아 도둑맞기 십상이다.

051

득도(得道)의 기준

– 승조, 『전등록』

사대(四大)가 원래 주인이 없고
오온(五蘊)이 본래 공하다.
번쩍이는 칼날에 머리를 내미니,
마치 봄바람을 베는 것 같구나.

/

눕기보다 앉는 일이, 앉아서 가기보다 서서 가는 일이, 새치기보다 뒤처지는 일이, 빼앗기보다 빼앗기는 일이, 밟기보다 밟히는 일이, 원한을 갚기보다 삼키는 일이, 이기기보다 져주는 일이…, 크게 보면 오히려 이익이다. 삶의 덧없음을 절감시켜주기 때문이고, 후련한 마음으로 죽을 수 있게 해주기 때문이다.

승조(僧肇)는 불전(佛典) 한역(漢譯)의 선구자였던 구마라집(鳩摩羅什)의 제자로 학문 전반에 통달했다. 황제는 그를 갖고 싶어 했다. 재상의 자리를 내밀며 환속을 권했으나, 승조는 이를 거절했다. 괘씸죄로 목이 잘리게 된 젊은 천재는 1주일의 말미를 얻었다. 옥중에서 명저 『조론(肇論)』을 썼고 위와 같은 유언을 남겼다.

　상상만으로도 오금이 저리는 혹형(酷刑)을 봄날의 꽃놀이쯤으로 받아들이고 있다. 고통을 받아야 할 육체도 죽어야 할 영혼도 본래 없는데, 아파하거나 아쉬워할 이유가 없다는 극단적 기개. 이 정도나 돼야 비로소 도(道)를 이뤘다고 말할 수 있을 것이다. 지금 당장 죽기는커녕 내려놓지도 못하는 것들이 어디서 감히 고행을… 설법을….

⊙　승조(僧肇, 384~413)
　　중국 동진(東晉) 스님. 서른에 요절했다. 구마라집 문하 4철(哲) 가운데 한 사람. 『물불천론(物不遷論)』, 『부진공론(不眞空論)』, 『반야무지론(般若無知論)』, 『열반무명론(涅槃無名論)』 등 4편을 합한 『조론』은 역대 선사들이 격찬한 고전이다. 『주유마경(註維摩經)』은 『유마경』 연구의 필독서다.

⊙　사대(四大)
　　물질의 4대 요소. 지(地)·수(水)·화(火)·풍(風). 각각 생성·성장·활력·변화의 성질을 뜻한다.

⊙　오온(五蘊)
　　정신의 5대 요소. 색(色)·수(受)·상(想)·행(行)·식(識). 각각 대상·인지·표상·의지·판단의 속성을 뜻한다.

052

깨달음은 누가 가질 수도
나눠가질 수도 없다

- 『벽암록』

어느 날 남전(南泉) 회상에서의 일이다.
동당(東堂)과 서당(西堂)의 대중이 고양이 한 마리를 놓고 다툼을 벌였다.
이에 남전이 고양이를 들어 올리고는 을렀다.
"바로 이르지 않으면 베어버리겠다."
대중은 말을 못했고 고양이는 두 토막이 났다.

/

동당(東堂)과 서당(西堂)은 주지에서 물러난 원로스님들이 거처하는 공간이다. 수행과 전법에 일가견을 이룬 어른들이 사는 곳이니, 드나드는 발길도 따르는 무리도 많았을 것이다. 고인물은 썩기 쉽고, '사람'에게 '사람들'이 몰리면 부패하기 쉽다.

한낱 고양이 한 마리를 갖자고 서로 으르렁댔을까…. 절 안의 패권싸움 또는 누가 더 잘났느냐는 법통 논쟁이었을 게 뻔하다. 전체 대중을 지도하는 방장(方丈)의 입장에선 문도들의 갈등이 안타깝고 고까웠을 것이다. 그래서 일도양단의 각오로 칼을 뽑아들었다. "바로 이르라"는 건 동당이든 서당이든 말 잘하는 쪽에게 절을 상속하겠다는 제의다.

하지만 불같이 화를 내는 '대장' 앞에서 양쪽 모두 말문이 막혔다. 셈에 밝은 자들은 샘이나 낼 뿐이다. "고양이 대신 내가 죽겠다"며 결연하게 나서는 이도, "공연히 노망 피우지 말라"며 호기롭게 대드는 이도 없다. 하다못해 "잘못했다"고 꼬리를 내렸으면 고양이는 무사할 수 있었다. "불쌍한 짐승을 살려달라"는 한 마디조차 인색하다. 말은 많은데 정작 필요한 말은 못하는 '찌질이'들이다.

고양이를 일종의 화두로 본다면 다음과 같은 해석도 가능하다. 깨달음은 누가 가질 수도 나눠가질 수도 없다는 것, 외려 갖겠다는 생각을 내려놓는 자리가 깨달음이라는 것. 그만큼 깨달음은 별것 아니라는 것. 별것도 아닌 것에 별짓을 부리다가 별것도 아닌 것이 되지 말라는 것.

⊙ 남전 보원(南泉普願, 748~834)
마조 도일의 법을 이었다. 남전의 '전'은 본디 발음이 '천(泉)'인데, 관행적으로 '전'이라 읽는다. 남전산에 선원(禪院)을 열고 삿갓을 쓴 채 소를 치며 나무하고 밭을 일궜다. 30년 동안 한 번도 산 아래로 내려오지 않았다. 조주 종심(趙州從諗), 장사 경잠(長沙景岑), 자호 이종(子胡利踪) 등 많은 제자를 배출했다. 구언은 "허깨비가 오래도 견뎠다"이다.

053
짚신으로 막걸리를 떠먹다

―『벽암록』

남전이 고양이 살해사건과 관련해 조주에게 의견을 물었다.
조주는 곧장 짚신을 벗어 머리 위에 이고는 문 밖으로 나가 버렸다.
남전이 말했다.
"그때 그대가 있었더라면 고양이를 살릴 수 있었을 텐데…."

/

짚신은 발에 신으라고 있는 것이지, 머리에 이라고 있는 것이 아니다. 명색이 수행자라는 이들이 고작 고양이 한 마리를 갖겠다고 쌔빠지게 다퉜다. 분명 파렴치한 행위이고 본말이 전도된 행위다. 물론 제자들의 못된 습성을 고쳐주겠답시고 무고한 생명을 죽인 일 역시, 짚신으로 막걸리를 떠먹은 작태다.

아랫사람들은 탐욕에, 윗사람은 분노에 눈이 뒤집혀서 사단이 나고 만 셈이다. 조주는 짚신을 머리에 이는 바보짓을 시연함으로써, 그들의 어리석음을 탓하고 있다. 혼자서도 잘 살던 고양이만 애꿎게 죽어버렸다. 여럿이 둘러앉아 고기를 씹으면서 자비를 논하는 인간의 행태가 대체로 이와 같다. 실천하지 않는 이론은, 폭력이다.

054
헛것이 헛것인 줄 아는 힘

– 대혜 종고, 『서장』

지을 때도 헛것이요 받을 때도 헛것이며 무언가 알아차릴 때도 헛것이요 어리석어 모를 때도 헛것이다. 그릇되게 살고 있음을 알았다면 그 헛것을 약(藥)으로 삼아 병(病)이라는 헛것을 치료하면 그만이다.

/

가난한 삶은 있을지언정 잘못된 삶은 성립되지 않는다. 죄를 지어서 감방에 간다손, 행위에 대한 징벌이지 인간에 대한 징벌은 아니다. 죗값을 치르면 그만이다. 그러나 비열한 자들은 지나간 일로 사람을 몰아붙이며 낄낄거린다.

내면의 눈은 찾으려 않고 남들의 눈만 모으러 다니던 습성때문에, 그 비난이 거슬릴 수 있다. 그러나 세상은 허깨비. 가끔 어울려 술이나 마시면 되지, 목숨 걸고 싸울 만큼 대단한 존재가 아니다. 그림자여서 붙잡아 혼내줄 수 없고, 물거품이어서 마셔도 마셔도 목이 마르다.

선(善)은 빛나는 악(惡)이며 악은 패배한 선이다. 병이 헛것이듯 약도 헛것이다. 굳이 있다면 헛것이 헛것인 줄 아는 힘이다. 그래서 정진에는 '개무시'가 일정하게 수반될 수밖에 없으며 이는 면역력 증강에 도움을 준다. 실패는 있어도 실패한 삶이란 없다. 어차피 죽을 거, 죽을 것 같은 삶을 자초하지 말 것.

- 대혜 종고(大慧宗杲, 1089~1163)
  중국 남송대(南宋代) 스님. 원오 극근의 법을 이었다. 조동종의 묵조선을 공격하며 간화선을 수립했다. 종풍을 크게 진작시켜 '임제 의현'의 재림이라는 평을 들었다. 제자가 2,000명이 넘었다. '주전파'로서 금나라에 대한 적극적인 저항을 주장했다. 도륙당한 백성들의 원수를 갚아주고 싶었으나, '주화파'에 밀려 승적을 박탈당하고 유배됐다. 귀양지에서 『정법안장(正法眼藏)』 6권을 저술했다. "시끄럽고 번잡한 일상 속에서도 화두공부가 된다면 고요하고 평온한 환경에서 공부한 것보다 천만 배쯤 더 힘을 발휘한다"는 게 신념이었다

- 서장(書狀)
  대혜 종고가 사대부들과 주고받은 62통의 편지를 모은 책. 선리(禪理)에 대한 질문과 대답으로 구성됐다. 오늘날 불교전문강원의 교과서로 활용된다.

055
절이 절이려면

―『종용록』

 부처님이 제자들과 함께 길을 가다가 돌연 손가락으로 땅바닥을 가리켰다.
 "여기에 절을 세우라."
 누군가가 한 포기 풀을 뽑아 땅에 꽂으면서 아뢰었다.
 "절을 다 지었습니다."
 부처님이 빙그레 웃었다.

/

 절은 조용하다. 조용해야 절이다. 시비에 덤덤하고 시류에 초연해야만 절은 비로소 절일 수 있다. 또한 절을 많이 하는 곳이어서 절이다. 마음을 한없이 낮춘 자들의 온순한 보금자리다. 모두가 목말라하고 안달을 내는 일들이, 이 안에서는 일절 남의 일이다.
 절에 사는 이들은 인간이기를 포기함으로써, 도리어 인간들의 존경을 받는다. 그러므로 사람들이 부러워하는 절은 절이 아니다. 사람들이 그리워하는 절도 절이 아니다. 아무도 가고 싶어 하지 않는 자리에서 아무것도 아닌 몸짓으로 버티지 못한다면, 그냥 집이다.

056
'내 안의 나'와 친해지기

- 『종용록』

낙보(樂普)가 협산(夾山)에게 도를 물으러 갔다. 그는 절도 하지 않은 채 뻣뻣하게 마주섰다. 건방지다는 투로 협산이 일렀다. "닭이 봉황의 둥지에 깃들이려는 것이냐, 당장 나가라!" 낙보가 지지 않고 대꾸했다. "스님의 도력을 듣고 먼 곳에서 달려왔습니다. 한번 제접해주소서." 협산은 요지부동이었다. "지금 여기에는 그대도 없고 노승(老僧)도 없다."는 대답에 낙보가 대뜸 할(喝)을 질렀다.

이에 협산이 혼쭐을 냈다. "그 입 닥쳐라. 까마귀 울음소리 따윈 걷어치워라. 구름과 달이 하늘에 있는 것은 같지만, 산에서 보는 것과 계곡에서 보는 것은 위치에 따라 달라 보이는 법이다. 세상 사람들의 혀를 전부 끊어버릴 순 있어도, 혀 없는 사람의 경계는 아득하여 미치지 못한다." 낙보는 말을 잃었다. 협산은 그를 한 대 후려쳤다. 그때서야 낙보는 절을 했다.

/

'깨달음에 대해 한 말씀 해달라'는 청에 '할 말 없다'며 물리는 모양새다. 어디서 주워들은 건 많은 낙보다. 선객은 매사에 당당해야 한다는 통념 때문에 절을 하지 않았고, '임제할'이 유행하기에 "할!"을 했다.

협산의 혼찌검은 매우 이성적이고 상식적이다. 세간을 모방하는 일이 우습듯 출세간을 모방하는 일도 꼴불견이다. 세상에 떠도는 이런저런 구라들을 앵무새처럼 반복하는 닭대가리를, 협산은 도저히 봐줄 수가 없었다. "지금 여기에는 그대도 없고 노승도 없다"는 말은 서로 못 본 셈 치자는 핀잔이고 멸시다.

달마는 자질구레한 것 다 내버린 채 오직 본성만 보라고 누누이 강조했다. 불성(佛性)이란 결국 자기다움이다. 타인이 규정할 수 없고 훼손할 수 없다. 이른바 '마음의 소리'이며 남들의 잔소리가 아니라 고독에서 건진 정체성이다. 자기다움은 자기만이 안다. 그냥 알아지진 않는다. 오래고 견실한 참음이 목숨을 걸고 쌓아올린 퇴적이다.

물론 자기의 불성을 따르는 길은 만만치 않다. 아무나 갈 수 없는 길이기에 고되고, 아무도 몰라주는 길이기에 외롭다. 그러나 끝내는 자기 살 길 찾아가게 마련인 게 남들이다. 그래서 장기적으로는 '내 안의 나'와 친해지는 게 유리하다. 어쨌거나 죽는 순간까지 나를 위해 살다갈 것이므로.

- 협산 선회(夾山善會, 805~881)
  청원 행사 계열. 선자 덕성(船子德誠)의 법을 이었다. 협산에 영천원(靈泉院)을 개설하고 명성을 날렸다. 낙보 원안이 자신의 오만함을 뉘우치고 그의 제자가 되었다.

- 제접(提接)
  깨달은 자가 깨닫고 싶어 하는 자를 가르치는 일이다. 강의가 아니라 상담에 가깝다. 선문답을 통해 깨달았는지 검사하고 잘못된 점이 있으면 바로잡아주는 형식이다.

057

도인의 삶이란,
알면서도 속아주는 것

– 『종용록』

삼성(三聖)이 설봉(雪峰)에게 물었다.
"그물을 꿰뚫은 금빛 잉어는 무엇으로 먹이를 삼습니까?"
"그대가 그물에서 벗어나면 말해주지."
"1,500명이나 거느린 큰스님이 말귀도 못 알아듣는군요."
"다 늙어서 주지(住持) 일을 하려니 여간하겠나."

/

선사들은 일정한 경지에 오른 사람들이다. 생사의 경계를 초탈했으니 두려울 것이 없고, 시비(是非)가 헛것임을 아니까 다투고 으스댈 것도 없다. 심지가 굳어서 좀체 흔들리질 않는다. 그들에겐 아무리 찬란한 문명이라도 쓰레기장이요, 모든 이념은 말장난일 뿐이다. 존재의 본질을 꿰뚫어본 자의 여생은 심심하고 또 심심하다.

그러니까 '농담 따먹기'나 하면서 세월을 보내는 것이다. 짐작하다시피 삼성이나 설봉이나 '그물을 꿰뚫은 금빛 잉어'들이다. '먹이' 운운하는 삼성의 질문은 '깨달아서 정말로 심심할 텐데 당신은 어떻게 지내느냐'는 안부인사다. '아직 깨닫지 못한 너 따위가 알 수 있는 경지가 아니'라는 설봉의 대꾸는 짐짓 삼성을 깔보는 모양새다. 하지만 거기에 욱할 삼성이 아니다. 화를 내면 지는 거다.

삼성은 설봉의 농간에 넘어가지 않았다. '그물에서 벗어난 지 오래인데 헛소리를 한다'고 면박을 줬다. 설봉 역시 삼성이 쳐놓은 그물에 걸리지 않았다. '셀프디스'로써 아무렇지도 않게 넘겨버렸다. 자고로 상대가 흥분을 해줘야 놀릴 맛이 나는 건데…. 도인의 삶이란 별 게 아니다. 져줄 줄 알고, 알면서도 속아주는 것이다.

⊙ 설봉 의존(雪峰義存, 822~908)
  덕산 선감(德山宣鑑)의 법을 이었다. 양자강 이남을 중심으로 독특한 종풍(宗風)을 일으켰다. 그가 설봉에 지은 절은 '동남총림제일(東南叢林第一)'로 발전했다.

⊙ 삼성 혜연(三聖慧然, ?~?)
  당대(唐代) 스님. 임제 의현의 법을 이었다. 덕산 선감과 설봉 의존 등에게서 사사했다. 임제로부터 '눈먼 나귀'라고 욕먹었던 사연이 조금 뒤에 나온다.

058
도(道)는 돈이 아니어서,
벌리지도 않고 쌓이지도 않는다

– 마조 도일, 『사가어록』

도는 닦아서 이뤄지는 것이 아니다.
설령 이루어진다 하더라도
이루어진 것은 결국 무너지고 만다.

/

'수행(修行)'이라는 단어를 떠올리면 가부좌를 틀고 앉아 눈을 감은 채 오랫동안 버티는 이미지가 연상된다. 그리고 이러한 고행의 나날들이 일정하게 쌓이면 깨달음을 이루리란 욕심이, 스스로 채찍질하게 만들고 다리에 쥐가 나게 한다.

깨달음의 목표가 행복이라면, 차라리 그 시간에 밖으로 나가 열심히 돈을 버는 건 어떨까 싶다. 복(福)은 타인의 주머니에서 나오고, 삶의 지혜는 사람과 사람 사이의 충돌에서 무르익는 법이다. 아팠던 만큼만 강해지고 참았던 만큼만 지혜로워진다.

도(道)는 돈이 아니어서 벌리지도 않고 쌓이지도 않는다. 그러니 방향이 틀렸다. 깨달음이란 모든 것이 아무것도 아님을 인식하는 것이며, 수행은 무언가를 하는 것이 아니라 쉬는 것이다.

⊙ 사가어록(四家語錄)
　남악 회양의 문하(門下)인 마조 도일, 백장 회해, 황벽 희운, 임제 의현의 법어를 집성한 책.

059
보살행?
위선이나 떨지 마라

― 경허 스님 일화

하루는 경허 스님이 자신의 어머니를 위해 법문을 하겠다고 대중을 불러 모았다. "내 어머니를 모셔오라." 큰스님으로 존경받고 있는 아들이 자신을 위해 법문을 해주겠다는 소식에 스님의 친모는 크게 들떴다. 꽃단장을 한 그녀는 법당에 향을 피웠다. "우리 아들이 나를 위해 법문을 해준다니 감개무량하구나."

잠자코 있던 스님은 갑자기 입고 있던 옷을 훌러덩 벗어버렸다. "어머니, 저를 보십시오." 사람들이 보는 앞에서 장성한 자식이 별안간 나체를 해가지고 들이대자, 노파는 기겁했다. "이 무슨 해괴망측한 짓이냐!" 눈을 가린 채 줄행랑을 쳤다.

스님이 혀를 끌끌 차면서 말했다. "저래 가지고 어찌 남의 어머니 노릇을 할 수 있단 말인가. 내가 어려서는 이 몸을 발가벗겨 씻기고 안고 빨고 하더니. 세상 풍속이 참으로 한심하군."

／

　선불교 윤리의 핵심은 자못 간명하다. 위선을 떨지 않는 것이다. 즉심즉불(卽心卽佛)이니 마음 가는 대로 행하면 그것이 그대로 진실한 행동이다. 보잘 것 없더라도 혹은 누가 알아주지 않더라도 말이다. 이익을 얻기 위해서 또는 인정받고 싶어서 마음을 억지로 부풀리거나 뒷돈을 넣으려니까, 남들이 힘들고 스스로 피곤해지는 것이다. 그럴싸한 논리로 자신을 포장하지 말라는 게 불립문자(不立文字)이고, 허심탄회하게 상대방에게 다가가라는 게 직지인심(直指人心)이다.

　선사들이 특히 경멸했던 부류는 도둑놈보다 사기꾼이다. 으레 자비를 이야기하지만, 쌀 몇 섬 내놓고 사진을 찍는 일은 자비에 앞서 자랑이다. 어려운 이웃을 돕는 건 불자 이전에 시민으로서 해야 할 일이다. 그리고 우리는 '나를 대신해 좋은 일 많이 하라'고 국가에 꼬박꼬박 세금을 내고 있다. 모든 흡연자는 모범납세자다. 대통령은 통치자 이전에 서비스업 종사자다. 나라님? 진정 국민이 주인이라면, 경비해서 먹고 사는 동네 김씨가 나라님이다.

　보시 가운데 제일 값진 보시는 돈이나 말씀이 아니라 '무외시(無畏施)'라고 했다. 두려움을 없애주는 것, 시쳇말로 쫄지 않을 수 있는 담력을 불어넣어주는 게 최고의 베풂인 셈이다. 제법 난다 긴다 해도 벌거벗으면 다 똑같은 군상들. 제아무리 예뻐 봐야 상판대기인 군상들. 먹고사는 문제가 해결됐다면 그 이상의 꿈은 꾸지 않는 게 좋다. 마음에 자꾸 약을 쳐야 하기 때문이다.

⊙ 경허 성우(鏡虛惺牛, 1846~1912)
본래 경전에 해박한 학승(學僧)이었다. 전염병이 돌아 시체가 썩어가는 마을을 지나면서, 학문을 파하고 참선에만 몰입했다. 마침내 '코뚜레 없는 소'라는 화두를 타파하고 생사의 경계를 넘어섰다는 전언이다. 이후 진짜 코뚜레 없는 소처럼 살았다. 문둥이 여인과 며칠 동안 잠자리를 함께 한 일, 구렁이가 배 위를 지나가는데도 전혀 놀라지 않은 일, 매일같이 술에 절어 산 일 등의 기행들이 잘 알려져 있다. 말년에는 환속해 시골에서 서당 훈장을 하다가 입적했다. 2조 혜가의 행보와 상당히 비슷하다. 제자로는 혜월(慧月), 수월(水月), 만공(滿空) 등 삼월이 있는데, 근현대 한국불교를 대표하는 선승이다. 근자에 와서 파계가 문제되기는 하나, 초인(超人)에 도전했던 것만은 분명해 보인다.

060
깨달음은 붉다

– 『만공법어』

허공도 또한 늙거늘 이 몸이 어찌 늙지 않겠소.

/

거울에 비친 나는 내가 아니다. 나를 빙자한 껍데기이며 나를 사칭하고 다니는 욕심이다. 나를 억누르는 한계인 동시에 나처럼 보이는 그림자다. 결국 그게 나여선, 희망이 없다. 마찬가지로 깨달음은 그 '깨달음'이란 걸 부숴버린 자리에서 싹튼다. 그리고 산산이 조각난 깨달음을 지르밟으며 걷는 길에서 오래 머문다. 깨달음은, 붉다.

4장. 어디든, 길이다

061
선량한 삶 이전에 진솔한 삶

- 『마조어록』

"술과 고기를 입에 대는 게 옳습니까, 대지 않는 게 옳습니까?"
"입에 대는 것은 일한 대가를 즐기는 것이요, 입에 대지 않는 것은 복을 짓는 것이다."

/

마조의 '리버럴한' 면모가 물씬 풍기는 대화다. 그는 '너도 부처님처럼 웃고 울며 먹고 쌀 줄 아니까 부처님'이라고 가르쳤다. 또한 '다니고 머무르고 앉고 눕는 일이 그대로 보살행'이라며 일체의 이념과 가치를 거부했다. 어떤 삶이든 나름의 의미를 지녔으니 너무 좌절하지 말라는 위로는, 선량한 삶 이전에 진솔한 삶을 지향하고 있다.

고된 일과를 마친 노동자들이 너절해진 육신에 들이붓는 소주는 욕망이라기보다는 슬픔이다. 물론 육식을 끊는 일은 아름답다. 하지만 그것뿐이다. 내생의 언젠가는 돼지로 태어날 것을, 어차피 자신도 살점이 찢기고 불에 구워질 것을.

신(神)이 있다면, 누구에게나 공평한 죽음이 신이다. 그렇다. 사는 건 다 거기서 거기다. 사람은 저녁에 술을 마실 수도 있고, 저녁에 죽을 수도 있다.

062
길을 잃었다 해서
길이 사라지는 것은 아니다

- 『조주록』

"가르침을 받으려고 왔습니다."
"내려놓아라〔방하착(放下着)〕."
객승이 손에 쥔 염주와 지팡이를 내려놓았다.
"어떻게 할까요?"
"내려놓아라."
바랑마저 벗어던졌다.
"내려놓아라."
"다 내려놨는데 무얼 더 내려놓으라는 말입니까?"
"그렇다면 짊어지고 가거라."

/

가르침을 받겠다는 마음까지 내려놓아야 한다는 뜻이다. 그렇게 되면 가르침을 받아야 할 필요가 없어진다. 그냥 살던 대로 살면 된다. 삶의 길은 살아 있는 한 계속된다. 어디로든 이어지고 어떻게든 살아진다.

길을 잃었다 해서 길이 사라지는 것은 아니다. 길을 잘못 들었다 해서 잘못한 것은 아니다. 어느 길에나 그만의 둔덕이 있고 쉼터가 있다. 지식과 기술은 배울 수 있다. 그러나 인생은 배울 수 없다. 교훈은 한 순간의 사탕발림이요 책 속의 인생은 책일 뿐이다. 오직 후회 속에서 알게 되고 절망 속에서 깨닫게 되는 것이다. 몇 번쯤은 인생이 부서져봐야, 그 잔해에서 진짜 인생을 건질 수 있다.

남들의 잘난 성공담을 들을 시간에 더 많이 생각하고 더 많이 부딪히는 것이 현명한 처세다. 이런 맥락에서 '방하착'은 표표히 걸어가는 모습을 나타내는 무슨 의태어 같다. 방하착, 방하착, 발걸음에 힘을 싣는다.

063
호랑이는 죽어서 가죽을 남기고, 사람은 죽어서 시체를 남긴다

– 동산 양개, 『조당집』

절대로 남에게서 찾으려 하지 마라.
멀고도 멀어서 나와는 상관없다.
나 이제 홀로 가지만 곳곳에서 그를 만난다.
그는 지금 나이건만 나는 이제 그가 아니다.

/

길을 가던 동산(洞山)은 개울에 비친 자신의 모습을 보고 홀연히 깨달았다. 얼굴은 몸뚱이라는 껍데기에 붙은 또 하나의 껍데기일 뿐, 본래의 자기는 아닌 것이다.

잘 생긴 얼굴은 매사에 절반은 먹고 들어간다. 연기를 하든 정치를 하든 사기를 치든. 반면 못 생긴 얼굴일수록 더 노력해야 하고 더 웃어야 하고 더 벌어야 한다. 그래서 중생은 얼굴에 화장을 하고 나아가 물건을 넣는다.

그러나 남에게 보이는 나는 내가 아니다. 심지어 밖으로 비춰지는 성격이란 것도, 심술궂은 자들이 지어낸 '뒷담화'일 따름이다. 모든 평가는 본질적으로 오판이다. 비난을 하든 난리를 치든 개의치 말아야 할 이유가 여기에 있다.

모두가 위대해야 할 필요는 없다. 모든 위대한 자들은 위대(胃大)하다. 먹성 좋은 놈들만 우글거리는 세상에선 숨 한 모금마저 돈을 주고 사야 한다. 그저 열 개 가질 것 다섯 개만 갖고, 웬만하면 남에게 상처주지 않고, 자기만의 삶의 방식을 추구할 일이다.

호랑이는 죽어서 가죽을 남기고 사람은 죽어서 시체를 남긴다. 이름을 남긴다고? 장례 치르느라 남은 사람들만 고생한다.

⊙ 동산 양개(洞山良价, 807~869)
오가(五家)의 하나인 조동종의 개조(開祖). 운암담성(雲巖曇晟)의 법을 이었다. 동산의 보리원(普利院)에 머물면서 세밀한 선풍을 고취했다. 교육이론으로 조도(鳥道), 현로(玄路), 전수(展手)가 있는데 합쳐서 삼로(三路)라 한다. 조도는 하늘을 나는 새가 자취를 남기지 않는 것처럼, 일체의 경계에 걸리지 않는 무심의 경지를 체득하도록 하는 것이다. 현로는 일체를 차별하지 않는 방법. 전수는 중생구제의 보살도다.

064
무엇이든, 삼키고 나면 똥이다

-『운문록』

"어떤 것이 부처와 조사를 뛰어넘는 말입니까?"
운문(雲門)이 말했다.
"호떡!"

/

허기를 달래주면서 더구나 맛도 있는 게 호떡이다. 호떡만큼 귀한 존재도 없는 셈이다. 운문의 일갈은 쓸데없는 생각일랑 그만두고 호떡이나 먹으라는 권유다. '그 입 닥치라'는 독려이기도 하다. 그는 평소에 제자의 공부가 지지부진하면 "호떡 값을 되돌려 달라"며 다그쳤다. 눈에 보이고 발에 차이는 게 전부 호떡이었으며 모든 길은 호떡으로 통했다. 호떡처럼 살다가 호떡처럼 죽고, 호떡이 되더라도 호떡을 탓하지 않으며, 호떡 사이를 노니면서 호떡을 노래하는 인생이란…. 세상만사를 전부 호떡으로 퉁 치는 마음은 자유롭고 여유로운 삶의 기반이다. 부귀영화와 왕후장상을 한낱 호떡으로 취급하면서, 호떡 정도의 행복에 만족할 수 있다. 무엇이든, 삼키고 나면 똥이다.

065
똥만 싸다 갈래?

- 위산 영우, 『전등록』

태어나기 전, 나의 본래 모습〔부모미생전 본래진면목(父母未生前 本來眞面目)〕.

/

존재는 일정한 몸뚱이를 갖는다. 모두가 몸뚱이의 숙주들이다. 몸뚱이를 먹여 살리기 위해 노동을 하고 고뇌를 하고 계산을 한다. 영혼이란 얼핏 대단한 듯 보이지만, 사실 몸뚱이의 집사일 뿐이다.

자신이 모시는 몸뚱이가 다른 몸뚱이보다 더 그럴듯하게 보였으면 하는 요량에, 꾸미고 속이고 다투고 힘쓴다. 몸뚱이 하나로 성이 차지 않으면, 몸뚱이 2세를 낳아 '훌륭한 몸뚱이가 되어라' 가르치고 다그친다. 몸뚱이에 매달리는 삶은 이토록 폭력적이고 신경질적이다.

행위의 빈도수로 인생의 가치를 따진다면, 결국은 똥만 싸다 가는 게 몸뚱이들의 역사다.

066
잘나가도 삼삼 못나가도 삼삼

-『벽암록』

문수(文殊)가 무착(無着)에게 물었다.
"최근 어디를 떠나 왔는가?"
"남방에서 왔습니다."
"남방에서는 불법을 어떻게 실천하던가?"
"말법(末法) 시대의 비구들이어서 계율을 잘 지키지 않습니다."
"대중은 얼마나 되는가?"
"300명에서 500명 정도입니다."
이번엔 무착이 문수에게 물었다.
"여기서는 불법을 어떻게 실천합니까?"
"범부와 성인이 함께 있고, 용과 뱀이 뒤섞여 있다."
"대중이 얼마나 됩니까?"
"앞에도 삼삼(三三), 뒤에도 삼삼(三三)이다."

/

숫자는 생애 최초의 지식이다. 아이는 숫자를 배우면서 세상을 익힌다. 2가 1보다 많다는 걸 알게 되면서, 2가 1보다 좋다는 걸 알게 된다. 숫자 속에 담긴 칼을 갈면서 무럭무럭 자라나는 탐욕. 훗날 1점이라도 더 쥐어짜내려 학위를 따고 목소리를 높이며 패거리를 짓는다.

'33'이란 사량분별(思量分別)의 영역을 뛰어넘은 절대적인 숫자다. 세속적인 관점으로서는 파악할 수도 계산할 수도 없다. 불법을 실천하는 사람의 숫자가 300명입네 500명입네 따지는 것은 무착의 짐작일 뿐이다.

고담준론 걷어치우고 계급장 떼고, 그저 살아 있음을 살아내는 일이 부처의 일이라면, 수행자의 숫자는 그야말로 무한한 것이다. 그야말로 삼삼(森森)하다. 과거에도 현재에도 미래에도, 산은 굳건히 푸르며 물은 죽을힘을 다해 흘러간다.

"범부와 성인이 함께 있고, 용과 뱀이 뒤섞여" 수많은 삼돌이 삼순이들이 지지고 볶는 게 사바세계다. 그 살아 있음이 못마땅하고 대론 억울하지만, 여하튼 살아 있다. 어쩌겠는가, 다시 걷고 다시 만나야지. 사는 맛을 알게 되니, 입맛깨나 삼삼하다.

- 문수(文殊)
  부처님의 10대 제자 가운데 가장 총명했다. 그래서 지혜제일(智慧第一). 오른손엔 지혜의 칼, 왼손엔 푸른 연꽃을 들고 부처님의 오른쪽에 앉았다. 대승불교가 지향하는 최고의 인격체인 보살이었다. '자아'가 아닌 '사실'에 따라 사는 사람.

- 무착(無着, 310~390)
  서북인도 출신의 학승. 본래 소승으로 출가했으나 대승으로 전향했다. 혼자만의 고고한 삶을 추구하다 더불어 사는 삶 속으로 들어갔다. 저서로『섭대승론(攝大乘論)』,『유가사지론(瑜伽師地論)』등이 있다.

067
빛나는 미래는 성실한 오늘에 있다

– 『벽암록』

운문(雲門)이 말했다.
"보름 전의 일은 따지지 않겠으니 다만 보름 후의 일을 말해보라."
대중이 말이 없자 스스로 말했다.
"그날그날이 좋은 날이다."

/

포살(布薩)은 15일마다 여는 승가의 의식이다. 한 자리에 모인 스님들은 15일간의 행적을 공개하고, 허물이 있었다면 고백하고 참회한다. 번뇌의 잡초라 여기는 머리도 이때 말끔히 삭발한다. 목욕하는 날이기도 하다. 운문은 지난날의 과오는 덮어줄 테니 앞으로는 어떻게 살겠느냐고 제자들에게 묻고 있는 것이다.

사실 답은 간단하다. 하루하루가 쌓이다 보면 이틀이 되고 보름이 되고 1년이 되고 100년이 되는 법이다. 또한 하루를 놀면 다음날이 곱절로 피곤하다. 빛나는 미래는 성실한 오늘에 있다. 매일 매일이 튼튼하다면 굳이 보름 뒤의 상황을 걱정할 필요가 없다. 목적지에 도달할 수 있는 가장 단순하지만 확실한 방법은, 지금 걷는 것이다.

068

부처가 되겠다고
따로 일을 벌이지 마라

– 백장 회해, 『오등회원』

하루 일하지 않았다면
그 하루는 굶는다.

/

일일부작 일일불식(一日不作 一日不食). 일을 해야 사람이고 일을 해야 깨달을 수 있다는 뜻이다. 무엇보다 부처가 되겠다고 따로 일을 벌일 게 아니라, 지금 하고 있는 일을 그저 하라는 것이다. 자기가 할 수 없는 일에 끙끙대지 말고, 자기가 할 수 있는 일을 당장 하라는 것이다.

더럽고 치사한 일에서 지혜가 쌓이고, 차마 못할 일에서 내공이 쌓이는 법이다. 땀 흘려야 하고 상처받아야 하는 노동은 고된 만큼 값지다. 삶을 힘들게 하지만 삶을 삶답게 지켜준다. 노동하지 않는 자의 수행(修行)은 온실 속의 수행이다. 아름답지만, 나약하다.

설령 부처님에게 밥값을 못하더라도 부처님은 흔쾌히 눈

갚아줄 사람이다. 그러나 현실 속의 밥값엔 사활이 걸렸다. 부처님이 대납해주지 못한다. 가장 훌륭한 수행도량은, 지옥이다.

⊙ 백장 회해(百丈懷海, 749~814)
  마조 도일의 법을 이었다. 무엇보다 승가공동체의 규율과 수칙을 담은 『백장청규(百丈淸規)』로 역사에 이름을 남겼다. "하루 일하지 않았으면 하루 먹지 않는다"는 조목(條目)이 가장 유명하다. 위산 영우(潙山靈祐), 황벽 희운(黃檗希運) 등의 제자를 두었으며 임제종의 기반을 닦았다.

069
공기는 비어 있으나 꽉 차 있다

- 『종용록』

부처님이 어느 날 법좌에 올랐다.
지혜를 상징하는 제자인 문수(文殊)가
종을 쳐서 법회의 시작을 알렸다.
부처님이 법좌에서 내려왔다.

/

부처님은 최초의 선사(禪師)였다. 부처님에게 한 성직자가 찾아왔다. 그는 부처님에게 공양하기 위해 양손에 꽃 두 송이를 들고 있었다. 그러자 부처님이 말했다. "버려라." 성직자가 왼손에 있던 꽃 한 송이를 버렸다. 다시 부처님이 말했다. "버려라." 성직자는 오른손의 꽃마저 버렸다. 그럼에도 부처님은 또 다시 다그쳤다. "버려라." 성직자가 말했다. "저는 지금 빈손이거늘 다시 무엇을 버리라는 말씀입니까?" 이에 부처님이 말씀했다. "나는 너에게 꽃을 버리라고 한 것이 아니다. 네가 가지고 있는 분별심을 일거에 버리라는 것이다. 더 이상 버릴 곳이 없는 그 자리가 생사를 면하는 자리니라."(『선문염송』)

불립문자(不立文字)는 선가(禪家)의 전통이다. 부처님은 법회에서 아무 말도 하지 않음으로써 세상의 진면목을 완벽하게 설명해냈다. 당신의 침묵은 해가 뜨고 꽃이 피는 것 이상의 불법(佛法)은 없음을 가르친다. 숨만 쉴 줄 알아도 고귀한 삶이라는 선언이다. 다만 뛰어가려니까 숨이 차는 것이고, 앞서가려니까 헐떡이는 것이다.

말이 많은 사회는 탈도 많은 사회다. 사람은 뜻대로 되지 않을 때 목소리를 높이고, 마음에 구린 것이 있을 때 중언부언한다. 말은 해야 맛이라지만, 지나치면 맛이 가는 법이다. 꿈은 삶을 빛나게 해주지만, 그 빛에 눈이 멀 수도 있다. 가장 보잘것 없으나 가장 소중한 음식은 맹물이다. 공기는 비어 있으나 꽉 차 있다.

070
숨 쉴 줄만 알아도 부처

- 『종용록』

  열반을 앞둔 임제(臨濟)가 원주(院主)였던 삼성(三聖)에게 당부했다. "내가 죽은 뒤에도 나의 정법안장(正法眼藏)이 계속 이어지도록 하라." 이에 삼성은 "어찌 감히 화상의 정법안장을 무너뜨릴 수 있겠습니까."라며 안심시켰다.
  임제는 '혹여 어떤 이가 그대에게 정법안장에 대해 묻는다면 어떻게 대답할 것이냐?'고 물었다. 삼성은 곧장 "할(喝)!"이라며 고함을 내질렀다. 그러자 임제는 "나의 정법안장이 이놈의 눈먼 나귀 따위에 의해 멸할 줄이야 누가 알았겠느냐."며 탄식했다.

/

  원주(院主)는 세간의 총무와 비슷하다. 사찰의 살림 전반을 맡아보는 스님이다. 일은 많은데 빛은 안 나는 자리다. 주지를 보좌해 상하를 화목케 하고 동료들을 편안케 해야 한다. 주지스님이 생색을 내고 싶을 때, 원주스님은 고생을 해야 할 팔자다.
  더구나 곳간에서 인심이 나는 법. 절에 먹을거리가 떨어지면, 품팔이를 해서라도 창고를 채워야 하는 게 원주의 몫이다. 결국 남들의 수행을 돕느라 자기 수행은 뒷전이 되기 십상이다. 선어록에 등장하는 원주스님들은 대부분 어리석고 미련해 번번이 골림과 무안을 당한다.

임제의 할(喝). 제자들의 생각을 일순 중지시켜 의식의 각성을 촉구하기 위한 장치로 쓰였다. 이런저런 망념을 즉각 내려놓은 채, 있는 그대로 고귀한 자기 자신을 똑똑히 보라는 취지다. 삼성은 임제를 가장 가까이서 모셨을 테니, 안목은 없어도 본 것은 많았을 것이다. 다만 '할'을 자주 듣긴 했는데, 지독하게 바빠서 '할'의 의미에 대해 참구할 시간은 없었나 보다. 끝내 다짜고짜 앵무새처럼 '할'을 따라하면서, 본인은 거하게 욕을 먹고 스승의 임종을 어지럽히고 말았다.

반면 정사(正史)에 나타나는 삼성은 뛰어난 선승이었다. 삼성 혜연(三聖慧然). 임제의 법을 이은 것도, 임제의 행장과 법문을 모아 『임제록』을 편찬한 것도 그였다. 『벽암록』의 저자인 원오 극근(圓悟克勤) 선사는 "어려서 많은 사람 가운데 뛰어난 지략이 있었고, 지혜가 우뚝 솟아 사방에 명성이 자자하였다"고 격찬했다. 어쩌면 임제와 삼성의 대화는 농담이자 '짜고 치는 고스톱'이었을 가능성이 높다. 하기야 일체의 차별을 걷어내고 문득 대하면, 눈먼 나귀도 부처다. 앞이 보이지 않아도, 걸을 수는 있다. 심지어 숨 쉴 줄도 안다.

071
입을 열면 먼지가 들어오게 마련이다

— 『종용록』

법안(法眼): 털끝만치라도 어긋나면 하늘과 땅 사이만큼이나 멀어진다고 했다. 그대는 이를 어떻게 생각하는가?

수산주(修山主): 웬걸요. 털끝만치라도 어긋나면 하늘과 땅 사이보다 더 크게 벌어집니다.

법안: 그래서 또 어떻게 되겠는가?

수산주: 저는 여기까지인데 화상(和尙)께서는 어찌하렵니까?

법안: 아무렴. 털끝만치라도 어긋나면 하늘과 땅 사이보다도 훨씬 더 크게 벌어진다.

이에 수산주는 문득 절을 하였다.

/

'언어는 생각의 그릇'이라 했다. 얼핏 생각이 먼저인 듯하지만, 사실 장담하기 어려운 문제다. 예컨대 "나는 저 녀석이 싫어!"라는 문장이 머릿속에서 조립돼야만, 비로소 저 녀석이 확실히 싫어지는 법이다. 아울러 사과가 '사과'임을 인지해야 거기서부터 먹고 싶어지며, '살인'이란 글자는 가시가 달린 것도 아닌데 무섭다.

언어는 생각을 부추기고 생각은 언어로 인해 견고해진다. 언어와 생각의 선후관계는 이렇듯 아리송하다. 다만 담합관계인 것만은 분명하다. 반쪽짜리 생각은 반쪽짜리 언어에 힘입어, 편을 가르고 몫을 나눈다.

개구즉착(開口卽錯). '말하는 순간 틀린 말이 된다'는 뜻이다. '부처'라는 개념 때문에 '중생'이란 자조(自嘲) 혹은 하대(下待)가 성립한다. '이것'을 말하는 동시에 '이것 아닌 것'이 갈라져 나오고 마는 것이다. 선사들은 동념즉괴(動念卽乖)도 가르쳤다. '생각이 일어나는 순간 어그러진다'는 의미다.

이것에 해박하다는 건, 자동적으로 이것 아닌 것에 무지하다는 반증이다. 그리고 모르니까 외면하고 차별한다. 마녀사냥은 객관적으로는 살육이지만 주관적으로는 단죄다. 죄를 벌하겠다며 죄를 짓는 꼴이다. '바름'이란 소신은 '삿됨'보다 더 악랄한 삿됨으로 변질되기 일쑤다.

입을 열면 먼지가 들어오게 마련이다. 한 번 말하면 한 번 틀리고 두 번 말하면 거듭 틀린다. 그러므로 수산주의 절은 이제 죄업을 그만 쌓자는 권유의 몸짓이다. "불교라 하는 순간 불교가 아니게 되며 단지 이름이 불교일 뿐"이라는 『금강경』의 논법은, 응당 절반이자 절름발이일 수밖에 없는 지식의 한계를 일깨운다. 진짜 평화는 한 사람이라도 섣불리 생각하지 않고 함부로 말하지 않을 때 시작된다.

◉ 법안 문익(法眼文益, 885~958)
  법안종의 개조. 나한 계침(羅漢桂琛)의 법을 이었다. 선종의 형식화를 비판하면서 『종문십관론(宗門十觀論)』을 지어 실천을 강조했다. 선종과 교종의 화해를 비라 선교불이(禪敎不二)를 주장했으며 이는 고려불교의 변혁에 영향을 미쳤다.

◉ 용제 소수(龍濟紹修, ?~?)
  중국 오대(五代) 스님. 수산주는 별명이다. 법안 문익과 함께 나한 계침의 법을 이었다. 『제명론(諸銘論)』, 『군경약요(群經略要)』 등의 저술이 있다.

072
버티다 보면, 어느새 부처

– 황벽 희운, 『참선경어』

뼛속까지 사무치는 차가움을 느낀 적 없다면
어찌 매화꽃 향기를 맡을 수 있으랴.
나뭇가지에 매달려 발버둥치는 꼴 우스우니,
천길 벼랑에서 손을 놓을 수 있어야 비로소 대장부라 하리.

/

기다린다는 것. 누군가를 기다린다는 것. 한참을 기다린다는 것. 오지 않아도 기다린다는 것. 오지 않을 줄 알면서도 기다린다는 것. 죽어도 기다린다는 것. 죽어서도 기다린다는 것. 그냥 기다림에 파묻혀버리는 것. 단 한 번의 들숨조차 딴 생각에 내어주지 않는 것. 그리하여 오늘 그대가 눈 똥이 내게 밥으로 올 때까지. 그대가 짓밟은 내가, 그대로 다시 태어날 때까지. 기다리지 않아도 기다려질 때까지. 버티다 보면, 어느새 부처.

- 황벽 희운(黃檗希運, ?~850)
  백장 회해의 법을 이었다. 임제 의현을 배출했다. 법어집으로 『전심법요(傳心法要)』가 있는데, 선가의 심법(心法)에 관한 대의를 자세하게 서술한 것이 특징이다.

- 참선경어(參禪警語)
  중국 명대(明代)의 무이 원래(無異元來) 선사가 참선하는 방법을 설명하고 옛 선사들의 어록을 소개한 책이다.

073
아무 일도 벌이지 않는 게 정법이다
− 청허 휴정, 『선가귀감』

중생의 마음을 버릴 것 없이 다만 제 성품만 더럽히지 마라.
바름을 구하는 마음은 바르지 않은 마음이다.

/

　중생은 부처와 정확히 반대되는 개념이다. 온갖 저질스러운 것은 죄다 갖고 있다. 평범하고 우둔하며 비열하고 치졸하다. 태생적으로 악랄해서라기보다는 먹고살려다보니 그렇게들 된 것이다. 물론 이해는 가지만 공감이 되지는 않는 군상들이다. 파리 떼를 사랑할 순 없는 노릇이다.
　무엇보다 스스로를 중생이라 여기는 자기합리화가, 세상을 중생들의 개판으로 만든다. 부처는 고결하거나 순진한 자들의 일이라 치부한 채, 더욱 강력한 중생이 되겠다는 일념으로 속이고 비비며 짓밟고 빼앗는다.
　반면 자기가 부처라는 사실을 잊지 않으면 자연스레 조심하고 삼가게 된다. 그러므로 '본래부처'는, 관념이기에 앞서 윤리다. '먹고살자고 하는 짓' 그리고 '차마 못할 짓'을 줄여나가는 것, 인내와 관용을 기르는 것이 바로 수행(修行)이다. 그리하여 어떤 일이 벌어지더라도 '일'로 여기지 않는 무심이어야만, 궁극적인 행복을 성취할 수 있다.

아울러 본디 그럴싸한 대의명분이 사람을 못 살게 구는 법이다. 종이 위에 쓰인 글자는, 어떤 '의미'이기 이전에 백지에 입힌 상처다. 번영보다는 자족을 꿈꾸는 삶이 미덥다. 사람들의 허세 속에서 자라나는 호사다마. 아무 일도 벌이지 않는 게 정법이다.

⊙ 청허 휴정(淸虛休靜, 1520~1604)
 '서산(西山) 대사'로 널리 알려진 임진왜란 당시 구국의 영웅. 시문에 능한 신동이었으나 조실부모하고 출가했다. 부용 영관(芙蓉靈觀)의 법을 이었다. 임진왜란이 발발해 망국의 위기에 몰리자 전국에 격문을 돌려 각처의 승병을 모았다. 전쟁이 끝난 뒤엔 숭유억불정책으로 거의 소멸되다시피 한 법맥(法脈)을 복원했다. 오늘날 조계종 스님들의 계보를 거슬러 올라가면 중간 지점에서 청허 휴정으로 모아진다.

⊙ 선가귀감(禪家龜鑑)
 참선공부를 하는 수행자들이 귀감으로 삼았으면 하는 마음으로 만든 책이다. 청허 선사가 금강산에서 도를 닦으면서 틈틈이 썼다. 묘향산 보현사에서 간행됐다. 50여 종의 경전과 어록 등을 참고해 선의 이치를 체계정연하게 서술해놓았다. 휴정은 불교뿐만 아니라 유교와 도교의 이론에 대해서도 집필했는데, 이를 통틀어 삼가귀감(三家龜鑑)이라 한다.

074
그대가 나이든 내가 그대이든, 거기서 거기로구나

-『청허당집』

80년 전에는 그대가 나이더니,
80년 후에는 내가 그대로구나.

/

청허 휴정(淸虛休靜)의 삶은 매우 극적이었다. 억불(抑佛) 정국에 자주 몸을 숨겨야 했다. 필생의 역작인 『삼가귀감』이 눈앞에서 불태워지는 굴욕도 당했다. 유교를 불교 뒤에 넣었다며 유생들이 꼬투리를 잡았다. 조선 최대의 사화(士禍)인 '정여립 역모사건' 때는 누명으로 옥고를 치렀다. 이윽고 임진왜란. 그토록 자신을 핍박하고 능멸하던 국가에게 승병을 모아다 주며, 보살로서의 책임을 다했다.

여하튼 누구보다 휴식이 필요한 일생이었던 셈이다. 자신의 제사 때 자신을 대신할 영정(影幀)의 뒷면에, 그는 위와 같이 적었다. 무려 80년을 사는 동안 쌓아올린 사연과 업적이, 끝내는 고작 종이쪼가리 한 장으로 오그라든다는 아쉬움이 묻어난다. 어쩌면 우여곡절과 천신만고 끝에 그래도 초상화 한 점은 남겼다는 안도의 한숨이기도 하다.

물론 카메라 마사지깨나 받아본 삶이었든 아무도 기억해주지 않는 삶이었든, 결국엔 종이 한 장 차이다. 그 한 장조차, 불면 날아간다. 그대가 나이든 내가 그대이든, 거기서 거기로구나.

075

새해가 되면 누구나 도둑이 된다

– 『학명집』

묵은해니 새해니 나누지 마라.
겨울이 가고 봄이 오니 해가 바뀐 듯하지만….
봐라, 저 하늘이 달라진 게 있든?
우리가 어리석어 꿈속에서 사는 거다.

/

새해가 되면 누구나 어른이 된다. 지난날의 잘못을 뉘우치고 각오를 다잡는다. 의젓해지고 결연해진다. 자기갱신의 마음으로 산을 오르거나 담배를 자른다. 알고 보면 그냥 남들이 그러니까 오르는 것이고, 못 끊으니까 자르기라도 하는 것이다.

각계에서 쏟아내는 신년사들은 하나같이 희망차고 아름답다. 사실은 아랫사람들의 대필이다. 모두가 계획을 세운다. 누군가는 그 계획을 부러워하고 누군가는 베낀다. 전날보다 조금 더 추운 겨울일 뿐이지만.

새로운 마음으로 새로운 인생에 새로운 판돈을 걸게 하는 것. 천문학적인 숫자에 달하는 '새해'들이 무수한 세월 동안 지속해온 해묵은 관행이다. 어쩌면 복제와 추종의 세태에서 진정한 새로움이란, 덩달아 또는 섣불리 바꾸는 일이 아니라 자기 페이스를 차분히 지키는 일이리라.

하지만 새로운 실적을 요구하고 새로운 적폐를 쌓기 위해, 작년에도 내년에도 새해는 엄존한다. 새해가 되면 누구나 도둑이 된다.

⊙ 학명 계종(鶴鳴啓宗, 1867~1929)
전남 영광 출신. 어려서부터 영민했으나 가난해서 학교에 가지 못하고 붓을 만들어 팔며 부모와 두 동생을 부양했다. 스무 살에 부모가 죽자 무상을 느끼고 출가했다. 설유 처명(雪乳處明)에게서 비구계를 받은 후 여러 절에서 경학을 배웠다. 이후 강의를 하다가 생사해탈의 뜻을 품고 학인들을 해산시킨 뒤 참선만 했다. 말년에 정읍 내장사 주지로 부임해 벼 40여 석을 추수할 수 있는 농지를 확보했다. 반농반선(半農半禪)을 주장하며 하루의 절반은 농사 짓고 나머지 반은 참선했다.

076
살아서의 모든 것들은,
끝내 앞서가려다 엇나간다

– 『만공법어』

 무더운 여름날 대중이 모여앉아 수박을 먹고 있었다. 나뭇가지에서 매미가 시끄럽게 울자 만공(滿空) 스님이 말했다.
 "매미를 잡아오면 수박 값을 받지 않겠지만, 못 잡아오면 3전씩 받겠다."
 제자들은 스승의 제안이 일종의 시험임을 눈치 챘다. 어떤 스님은 매미를 잡는 시늉을 했고 어떤 스님은 매미소리를 냈다. '형상으로서의 매미란 따로 없고 오직 마음속의 매미일 뿐이로세…'를 주제로 한 퍼포먼스인 셈이다.
 그러나 만공 스님은 그들에게 에누리 없이 각각 3전을 받았다. 또 다른 스님이 나서서 바닥에 원을 그린 뒤 말했다. "상(相) 가운데는 부처가 없고 부처 가운데는 상이 없습니다." 그 스님 역시 3전을 내놓아야 했다.
 때마침 보월(寶月) 스님이 무리에 끼자 만공 스님이 물었다. "자네는 어떻게 하겠는가?"
 보월 스님은 아무 말 없이 주머니에서 3전을 꺼내 만공 스님에게 바쳤다.

"자네가 내 뜻을 알았네."

/

 나머지 제자들은 자꾸만 마음에 연출을 하느라 벌금을 내야 했다. 반면 보월 스님은 꾸밈없는 마음으로 스승의 마음을 얻었다. 한편으론 어차피 '답정너(답은 정해져 있으니 너는 대답만 하면 돼)'이고 어떤 식으로 답하든 손해 볼 일이니, 스트레스 받지 않고 깔끔하게 끝낸 셈이다. 이젠 수박만 맛있게 먹으면 된다.

 삶의 정답은 오직 죽음뿐이다. 살아서의 모든 것들은, 끝내 앞서가려다 엇나간다.

⊙ 만공 월면(滿空月面, 1871~1946)
  경허 성우(鏡虛惺牛)의 법을 이었다. 일제강점기 사찰령과 대처승 제도의 유입에 맞서 한국불교 고유의 선풍(禪風)을 지키는 데 공헌했다. 선학원을 설립하고 선원공제회운동에 참여하며 교단의 자립에 힘썼다. 이론과 사변을 배제하고 화두 참구에만 몰입하는 간화선을 강조했다.

⊙ 보월 성인(寶月性印, 1884~1924)
  만공 월면의 법을 이었다. 젊은 나이에 입적해 뚜렷한 행적이 남아있지 않다. 다만 법맥이 금오 태전(金烏太田)으로 이어졌다. 1950년대 대처승을 몰아내기 위한 불교정화운동에 앞장섰던 스님이다.

077
행복은 행복감에 지나지 않는다

- 춘성 스님 일화

춘성 스님이 어느 날 전철을 타고 가는데 마침 열차 안에서 '불신지옥, 예수천국' 피켓을 들고 전도를 하고 있는 개신교인들을 마주쳤다. 스님은 그들에게 훌륭한 먹잇감이었고, 무리에서 한 사람이 다가와 이죽거렸다.

"죽은 부처 따위 믿지 말고 부활하신 우리 예수님을 믿으시오. 그래야 천국 갑니다."

권사에게 스님이 물었다.

"부활이 뭐요?"

"죽었다가 다시 살아나는 것이 부활이오. 부처는 다시 살아나지 못했지만, 우리 예수님은 부활하셨소. 죽은 부처보다 부활하신 예수가 훨씬 위대하니 예수를 믿으시오."

스님이 되물었다. "죽었다가 다시 살아나는 게 부활이라, 이 말이오?"

"그렇소이다."

스님이 기다렸다는 듯이 내질렀다.

"그럼 너는 내 좆을 믿어라! 내가 지금까지 살면서 죽었다가

도로 살아나는 것은 좆밖에 보지 못했다. 더구나 내 좆은 매일 아침마다 부활한다. 예수가 내 좆하고 같으니 너는 내 좆을 믿어라!"

/

 믿음이 부족해서 천국에 못 간다지만, 사실 우리는 너무나 많은 것을 믿고 있다. 내가 옳다는 믿음. 나는 우월하다는 믿음. 나는 남들과 다르다는 믿음. 내가 너를 사랑하는 만큼 너도 나를 사랑해 줄 거라는 믿음. 괜찮은 인생을 살아왔다는 믿음. 미래는 지금보다 나을 것이란 믿음. 무엇보다, 무언가를 안다는 믿음.
 내일 당장 죽을지 모르는데 천년 뒤를 준비하는 게 인간이다. '피로'가 '열정'인 줄 안다. 대기권만 넘어가도 곧장 끊어질 목숨이 하늘나라를 꿈꾼다. 그럼에도 사람은 '알고 있다'는 착각 속에서 뿌듯함을 느끼고, '철들었다'는 오해에 힘입어 어른이 된다.
 어쨌거나 행복은 이렇듯 자기최면이 만들어가는 것이지, 신(神)이 가져다주는 것이 아니다. 행복은 끝내 '행복감(感)'이거늘, 당장이라도 행복을 떠먹여 줄 것처럼 얘기하는 사람들을 보면 구역질이 난다. 상식이 통하지 않는 자들에겐 몰상식이 약이다.

⊙ 춘성 창림(春城昌林, 1891~1977)
만해 한용운의 제자. 극단적 대자유인. 산림법 위반으로 경찰 조사를 받는데 주소와 본적을 묻자 각각 "우리 엄마 보지" "우리 아버지 자지"라고 진술한 이야기, 현직 대통령 영부인의 생일잔치에 초대돼 "오늘은 우리 육영수 보살이 지 에미 뱃속에 있다가 '응애' 하고 보지에서 태어난 날"이라고 법문한 이야기, 자신의 입적을 앞두고 사리(舍利)가 얼마 안 나올까 걱정하는 제자에게 "야 이 씨발놈아, 내가 신도를 위해 사는 놈이더냐"고 윽박지른 이야기 등이 유명하다. 거지를 만나면 가진 돈을 다 줬고, 겨울에 거지를 만나면 입고 있던 옷까지 줬다.

078
산은 산이어서 물은 물이어서, 세상이 돌아간다

– 성철 스님 법어

산은 산이요,
물은 물이로다.

/

본래는 중국 당나라 청원 유신(青原惟信) 선사의 게송이 원조다. 그는 "처음엔 남들처럼 산은 산이고 물은 물이라 여겼는데, 공부를 하다 보니 '산이 산이 아니고 물이 물이 아님'을 알게 됐으나, 결국엔 산은 산이고 물은 물이더라."고 술회했다. 사회적인 통념을 곧이곧대로 따르다가, 세계의 본질에 대해 회의하기 시작했는데, 마지막에 가선 낱낱이 있는 그대로 진실이요 기적임을 깨달았다는 것이다.

산은 산이어서 아름답고 물은 물이어서 가치가 있다. 낮은 낮이어서 해맑고 밤은 밤이어서 그윽하다. '나'는 '나'여서 용기를 얻고 '너'는 '너'여서 사랑할 수 있다.

자세히 보면, 보이는 모든 것은 절경이다. 감사할 줄 알면,

주어진 모든 것은 축복이다. 엿보거나 노려보다가 죄를 짓고, 판을 키우거나 뒤집으려다가 복을 걷어차는 법이다.

079
오직 나만이 나를 살 수 있다

– 성철 스님 열반송

일생 동안 사람들을 속인 죄,
하늘에 가득하고 수미산을 지나칠 만큼 높다.
산 채로 지옥에 빠졌으니 그 한(恨)이 또한 수만 갈래.
다만 태양이 붉은 빛을 뿜으며 푸른 산에 걸렸구나.

/

스님의 열반은 1993년 10대 뉴스 가운데 하나였다. 생전의 초인적인 수행과 번뜩이는 법문이 새삼 부각되면서, 한국인의 영원한 스승으로 남았다. 그랬던 어른이 평생 한 일이라곤 거짓말밖에 없다고 하소연이다. 일견 '자학적인' 열반송은 많은 뒷말을 낳았는데, "불교엔 구원이 없음을 고백하는 유언"이라는 개소리의 소재로도 활용됐다.

실은 '자기가 부처'임을 누누이 강조했건만, 외려 '성철'이라는 남의 부처에 현혹되고 만 세인들에 대한 푸념과 자책의 목소리다. 자기가 살아 있다는 것은 이 세상 그 어떤 것으로도 대신할 수 없는 절대적인 사실이다. 세상은 결코 나를 중심으로 돌아가지 않는다. 그렇다고 내가 세상을 중심으로 돌아갈 의무는 없다. 오직 나만이 나를 살 수 있다.

자신의 죽음을 장엄한 낙조로 표현한 부분에선 도인으로서의 자부심이 느껴진다. 퇴근하는 태양이 온 산하를 붉게 물들이는 해질녘, 살아 있는 것들은 모두가 아름답다. 뒤처져 있어도 빛나고 무너져 있어도 빛난다.

080
누구나 물음표로 왔다가
물음표로 돌아간다

– 서암 스님 열반송

정 누가 물으면
그 노인네 그렇게 살다가 그렇게 갔다 해라.

/

열반송은 큰스님들의 유언이다. 본인의 인생 전반을 갈무리하는 필생의 역작이겠기에, 저마다 유려하고 독창적이다. 본인 스스로도 욕심이 날 테고, 무엇보다 제자들이 가만 안 놔둔다.

그러나 삶이란 지나가면 그뿐이다. 누구나 물음표로 왔다가 물음표로 돌아간다. 규정한다손 억측이고 평가한다손 오해일 따름이다. 하늘을 나는 새는 온힘을 다해 날아가지만, 결코 자취를 남기지 않는다.

⊙ 서암 홍근(西庵鴻根, 1917~2003)
대한불교조계종 제8대 종정을 지냈다. 종단의 대표적인 선승으로 참선에 몰두했다. 깨달은 뒤에 짓는 한시(漢詩)인 오도송(悟道頌)도 없다. 누가 뭐냐고 물으면 "오도송인지 육도송인지 나 그런 거 모른다"고 했다.

5장. 묵직한 행복

081

묵직한 행복

-『벽암록』

"어떤 것이 부처입니까?"
동산(洞山)이 말했다.
"삼베 세 근이다[마삼근(麻三斤)]."

/

중국 당나라 당시에는 삼베로 승복을 만들었다. 삼베 세 근이면 승복 한 벌을 만들 수 있었다. 그러므로 삼베 세 근은 수행자를 수행자이게끔 해주는 조건이다. 그 조건이 깨달음으로 이어질지 파계승으로 이어질지는 순전히 그 자신에게 달렸다. 영광이든 오욕이든 온전히 그가 감당해야 할 일이다.

승복이든 속복이든, 누구나 삶의 무게를 갖는다. 살아 있다면, 살아서 먹은 밥만큼의 대가를 치러야 하는 게 인생이다. 눈 내리는 거리의 모든 뒷모습은 안아주고 싶게 생겼다. 산다는 건 이러나저러나 견디는 것이요, 견딤이 쌓이면 무심(無心)이 쌓인다. 그 행복은 너무 무거워서, 남이 훔쳐가지 못한다.

082
끊을 순 없겠지만 쉴 수는 있다,
멈출 순 없겠지만 헐떡이지 않을 수는 있다

— 보리 달마, 『이종입』

밖으로 모든 인연을 쉬고
안으로 헐떡이지 않으면
능히 도(道)에 들어가리라.

/

'새가슴'은 밖에서 오고 '냉가슴'은 안에서 온다. 세상으로부터 상처를 받으면 새가슴이 되고, 새가슴이 된 나 때문에 괴로워지면 냉가슴이 된다. 곧 가슴이 탁 트이는 상쾌함을 맛보고 싶다면, 가슴의 안팎을 깨끗이 청소해야 한다.

모든 인연을 끊을 순 없겠지만, 쉴 수는 있다. 명함이나 모으자고 태어난 인생은 아닐 것이다. 생각을 멈출 순 없겠지만, 헐떡이지 않을 수는 있다. 스스로 최선을 다했음에도 미움을 받는다면, 그건 당신의 잘못이 아니라 그들의 죄악이다.

083
흔들렸다고 해서 잘못한 것은 아니다

─『마조어록』

깨끗함과 더러움 어느 것도 믿고 의지하지 마라.
죄(罪)란, 없다.

/

어둠은 두렵다. 그러나 달이 구름에서 벗어나면, 그런 대로 견딜 만한 삶이다. 바람이 지나는 대숲은 우는 아이의 목소리로 떤다. 하지만 바람이 멎으면 다시 평온을 되찾는다. 시커먼 한밤중은, 사실 아침이 올 것을 알리는 낯보다.

절망의 나락이 깊을수록 새로 시작하는 인생의 뿌리는 길고 두텁다. 흔들렸다고 해서, 잘못한 것은 아니다. 잘못했다고 해서, 끝장난 것은 아니다. 생각이 있었을 뿐 본래는 아무것도 없다. 바람에 대한 노여움도 바람맞는 일의 아쉬움도 바람난 마음의 그리움도, 끝내 바람보다 가볍다.

084

죽기 전까진,
어디서든 다시 시작할 수 있다

– 『조동록』

"뱀이 개구리를 삼킵니다. 개구리를 구해주어야 옳습니까, 그냥 모른 척해야 옳습니까?"
"구해주지 않는다면 개구리는 죽겠지. 하지만 구해준다면 두 눈이 멀어버릴 것이다."

/

개구리를 도와주지 않는다면 사람으로서 할 짓이 못 된다. 반면 개구리를 살리겠다고 뱀을 죽여 버리면 뱀에게 할 말이 없어진다. 뱀이라고 개구리를 해코지하고 싶을까. 누군가를 죽여야만 살 수 있게 생겨먹었을 뿐이다.

상황을 놔두자니 미안하고 바꾸자니 곤혹스럽다. 개구리를 외면한다면 살생의 죄업을 방치하는 꼴이고, 개구리를 살려준다면 먹이사슬의 순리를 거역하는 꼴이다. 결국 무얼 택하건 간에 그에 값하는 과보를 받게 마련이다.

인생의 허다한 갈림길 앞에서 사람은 끊임없는 선택을 요구

받는다. 산다는 건 땅을 치거나 무릎을 치는 일의 연속이다. 다만 후회막심이더라도 길은 계속 이어진다. 저승길을 만나기 전까진. 출발점은 따로 있지 않다. 서 있는 자리가, 언제나 다시 시작이다.

◉ 조동록(曹洞錄)
조동종을 개창한 동산 양개(洞山良价)와 그의 제자인 조산 본적(曹山本寂)의 어록이다.

085
너를 괴롭히는 건 너다

- 『전등록』

석두(石頭)에게 누가 물었다.
"어떤 것이 해탈입니까?"
"누가 너를 묶었니?"
"어떤 것이 정토입니까?"
"누가 너를 더럽혔니?"
"어떤 것이 열반입니까?"
"누가 너에게 생사를 줬니?"

/

사람은 자꾸 무언가가 되려 한다. 현실에 만족하지 못하기 때문이다. 물론 목표를 향해 도전하는 삶은 갸륵하다. 다만 찬란한 내일을 기대하며 멀쩡한 오늘을 쥐어짜는 일은 볼썽사납다. 사람은 10년이 지나도 사람일 따름이며 1,000년이 지나도 부처다.

묶이지도 않았는데 해탈을 바라고, 더럽혀지지도 않았는데 정토를 원한다. 순결? 본래 똥통이자 오줌주머니일 뿐인 몸뚱이다. 모든 게 남들만큼 갖고 싶으니까 저지르는 망상이요, 남들이 하니까 그저 따라하는 방일이다. 주체적으로 살지 못하는 이유는 예의가 바라서가 아니라 용기가 없어서다.

심지어 살아 있다는 것조차 착각이다. 생각하지 않으면 존재하지 않는다. 주저앉지만 않는다면, 지금 못 가더라도 기어이 간다. 멈춰져도 조급해하지 않을 수 있다면, 거기가 바로 충만한 현재이며 보장된 미래다.

086

인생은 '왔다가는' 것이지
'사고파는' 것이 아니다

– 『전등록』

마조에게 방거사가 물었다.
"만법(萬法)과 짝이 되어주지 않는 자는 누구입니까?"
"그대가 서강(西江)의 물을 다 마시고 오면 가르쳐주지."

/

번뇌가 일어나는 까닭은 결국 만법과 짝이 되어주기 때문이다. 이것이 좋아 보이면 이걸 가지려고 혈안이 됐다가, 저것이 그럴듯하면 저것의 수족이 된다. 왁자지껄 어울리면서 시간을 탕진하고, 끼리끼리 붙어먹다가 뒤통수를 맞는다.

세상의 눈에 들기 위해 애쓰는 이들은, 자신이 진짜 무얼 좋아하고 무얼 잘하는지 대개 잘 모른다. 마음의 눈을 철저히 감고 살아온 대가다. 설혹 진짜 좋아하는 것이 있어도 부끄럽다고 숨기며, 잘 하는 것이 있어도 옆에서 잘 한다고 해줘야 잘 하는 줄 안다. '좋은 게 좋은 거'라며, 삶의 중요한 길목에서 자꾸 손목을 잡아끄는 부화뇌동.

물론 살면서 만법과 짝하지 않기란 불가능하다. "강물을 다 마시고 오면 가르쳐주겠다"는 마조의 능청은, 그럴 수 있는 사람은 없다는 게 속뜻이다. 사실 혼자서 살 수는 있어도, 먹고살 수는 없는 게 인생이다. 어울려야 일거리가 생기고 붙어먹어야 떡고물이 생긴다.

 하지만 '남들처럼만 살라'며 모방과 추종을 부추기는 '복제인간'들은 아무래도 경계해야 한다. 무엇보다 처세의 방법에 밝을수록 처세의 본질엔 둔감해지기 십상이니까. 인생은 '왔다가는' 것이지 '사고파는' 것이 아니다.

087

똥파리들의 새마을운동

−『전등록』

임종을 앞둔 방거사가 딸에게 말했다. "모든 것은 환상이며 실체가 없다. 인연에 따라 하염없이 생멸할 뿐임을 명심해라."

유언을 마친 거사는 목숨을 떼어낼 시간을 기다렸다. "해가 어디까지 왔는지 궁금하구나. 밖에 나가서 알아보고 한낮이 되면 알려주렴." 집밖으로 나갔던 딸이 금방 들어와 고했다. "아빠, 벌써 한낮이네. 게다가 일식(日蝕)이야. 어서 나와 봐요." "설마 그러려고…." 죽기 전에 신기한 광경을 구경하고 싶었던 거사는 의자에서 일어나 창가로 다가갔다. 순간 기회를 엿보던 딸이 의자를 가로채더니, 앉은 채로 곧장 죽어버렸다!

딸의 죽음을 눈앞에서 지켜본 아버지의 태도는 더 가관이었다. 잠자코 장작을 모아 불을 지피고는 송장을 태웠다. "계집애가…, 잽싸게 선수를 치는군."

1주일이 지나 우적(于頔)이란 이름의 벼슬아치가 문병을 왔다. 지금의 도지사에 해당하는 자사(刺史)를 지낸 고위공무원으로, 방거사의 평생 후견인이었다. 거사는 마지막 보답을 했다. "부디 일체 존재를 '없는 셈' 치십시오. 꿈에라도 '있다'고 생각해서는 안 됩니다. 부디 건강하십시오. 물론, 아무리 건장한 육체라도 그림자와 메아리에 지나지 않습니다." 거사가 법문을 마치자 방 안에 향기가 감돌았다. 마침내 거사는 명상에 들었고 영원히 움직이지 않았다.

아내는 남편만큼이나 강적이었다. 부부가 서로 성질을 못이겨 따로 살았던 모양이다. 남편과 여식의 부음을 듣고 난 뒤 한 마디 뱉었다. "괘씸한 것들. 일언반구도 없이 가버리다니."

그녀는 농사를 짓고 있던 아들을 찾아가 아버지와 여동생의 사망 소식을 전했다. 아들은 밭을 갈던 쟁기를 멈추더니 "엇!" 하는 외마디와 함께 역시 숨을 거뒀다. 서 있는 채였다.

여자는 아들의 죽음 앞에서 절망하지 않고, 흥분했다. "이 녀석이!" 시신을 불태워 없앤 뒤 동네 사람들과 일일이 작별의 정을 나누곤 세상을 등졌다. 어디로 갔는지 아는 이가 아무도 없었다.

/

그야말로 막장드라마 한편이다. 다른 점이 있다면 일반적인 극중 인물들은 살아보겠다고 서로 물고 뜯는데, 여기서는 먼저 죽겠다고 아우성이다. 죽음이라는 인생의 가장 큰 난제를, 손바닥 뒤집듯이 척척 해내고 있다.

평소 "부처님 가르침으로 이야기꽃을 피우고"(『전등록』), 수행으로 대동단결하던 식구들이다. 방씨네의 엽기적인 떼죽음에 비하면, 가족끼리 사찰수련회에 가서 참선을 하는 일은, 그냥 바캉스다. 한 푼이라도 더 벌고 한 뼘이라도 더 차지하겠다는 '노오오오오력'은, 똥파리들의 새마을운동.

088
이도저도 아닌 삶이
결국엔 남는 장사다

- 〈법연사계(法演四戒)〉

주어진 힘을 다 쓰지는 마라.
하늘이 내린 복을 다 받지는 마라.
규율을 다 지키지는 마라.
좋은 말도 다 하지는 마라.

/

주어진 힘을 다 쓰려다간 남에게서 원한을 산다. 하늘이 내린 복을 다 받으려다간 남에게서 시샘을 산다. 규율을 다 지키려다간 남에게서 불만을 산다. 좋은 말도 다 하려다간 남에게서 오해를 산다.

구설수에 오르지 않더라도 밉상이다. 주어진 힘을 다 쓰면 스스로 거만해진다. 하늘이 내린 복을 다 받으면 스스로 방만해진다. 규율을 다 지키면 스스로 녹초가 된다. 좋은 말도 다 하면 스스로 꼰대가 된다.

이도저도 아닌 삶이 결국엔 남는 장사다. 주어진 힘을 반쯤만 써야, 힘이 사라졌을 때를 살아갈 힘이 남는다. 하늘이 내린 복을 반쯤만 받아야, 복이 달아났을 때를 살아갈 벗이 남는다. 규율을 반쯤만 지켜야, 규율이 무너졌을 때를 살아갈 뜻이 남는다. 좋은 말도 반쯤만 해야, 좋은 말이 먹히지 않을 때를 살아갈 글이 남는다. 걱정도 반쯤만, 사랑도 반쯤만.

089

삶은 그냥 삶일 뿐, 해석하지 마라

– 『벽암록』

누군가 조주(趙州)에게 물었다.
"개에게도 불성(佛性)이 있습니까?"
"없다."
"부처님은 일체중생 모두가 불성을 갖고 있다 했는데, 왜 개에게만은 없다는 겁니까?"
"자기를 '개'라고 생각하기 때문이지〔업식(業識)〕."

/

조사선(祖師禪)의 세계관은 즉물적이다. 무언가를 보면, 보기만 한다. 엿보지도 않고 넘보지도 않고 넘겨짚지도 않는다. 인식만 하고 분별은 안 한다.

여기서의 '개'란 '개떡'에 필적한다. '개새끼', '개판', '개고생'과도 사촌지간이다. 하찮은 존재나 한심한 처지를 가리키는 고금(古今)의 대명사를 일컫는다. '개만도 못한 놈' 혹은 '개나 물어갈 현실' 따위도 가능하겠다.

옛 선사들은 개를 그냥 개로 바라볼 뿐 '개똥같은 것'이라고 부풀리거나 업신여기지 않았다. 스스로를 개에 '불과하다'고 여기는 업식(業識)이, '개나 물어갈 현실'을 만들고 '개만도 못한 놈'의 짓거리를 부추긴다.

    개가 먹는 밥이나 주인이 먹는 밥이나, 결국엔 똥이 될 밥이다. 밥을 먹는 위치가 다를 뿐 가치는 다르지 않다. 새가 새여서 날 수 있고 산이 산이어서 단단하듯, 개는 개여서 완전하다.

⊙ 업식(業識)
    오랜 세월 동안 쌓인 업이 만들어낸 의식. 과거에 저지른 말과 생각과 행동 때문에 현재의 삶을 부정적으로 바라보는 마음 작용. 예컨대 '나는 왜 이것밖에 못할까', '나는 실패한 인생이야', '분수에 맞게 처신해라', '누울 자리를 보고 누워야지' 등등.

090
살아서의 모든 시간은
죽음을 준비하는 시간이다

-『벽암록』

"'지극한 도는 어려움이 없다. 오직 간택하지 않으면 된다' 라고 했는데, 어떻게 하는 것이 간택하지 않는 것입니까?" 조주가 말했다. "천상에나 천하에나 오직 내가 홀로 존귀한 존재이다." 객승이 따졌다. "그 말 역시 간택입니다." 조주가 꾸짖었다. "이 멍청한 놈아! 무엇이 간택이란 말이냐!" 객승은 말을 하지 못했다.

/

『신심명』의 첫 구절에 관한 질문에, 조주는 인생은 선택할 수 없다는 이치를 분명히 했다. 우리는 '민족중흥의 역사적 사명'이 아니라 부모의 성욕 때문에 태어났다. "천상천하유아독존(天上天下唯我獨尊)!", 얼핏 긍지의 말 같으나 사실 슬픔의 말이다. '하늘 위 하늘 아래 나 홀로 우뚝 서 있다'면, 잠깐은 뿌듯해도 머지않아 외롭다.

혼자 남겨진다는 것은 모두에게 보편적으로 주어져 있는 조건이다. 순전히 타의에 의해 주어지는 삶은 간택할 수 없으며 남에게 떠넘길 수도 없다. 아무도 나를 대신 살아줄 수 없으며 대신 죽어줄 수 없다. 누군가 나의 고통을 위로해줄 순 있어도 대속해주지는 못한다. 이웃과 마음을 나눈다고? 몸에 속한 마음은 응당 각자의 몸을 위해 살게 마련이다.

존재는 절대적으로 고독하다. 아프고 아쉽지만, 누구나 천상천하유아독존이다. 다만 독존(獨存)이란 실존을 흔연히 받아들일 때 비로소 독존(獨尊)을 꿈꿀 수 있는 것이다. 평소에 혼자서도 잘 놀 줄 알아야, 혼자 버려졌을 때에도 잘 놀 수 있다. 불쑥 찾아온다고, 저승사자를 원망할 일이 아니다. 살아서의 모든 시간은 죽음을 준비하는 시간이다.

091
추우면 그 추위만큼 강해져라

– 『벽암록』

"추위와 더위가 닥치면 어떻게 피해야 합니까."
동산(洞山)이 말했다.
"추울 때는 그대가 추위가 되고, 더울 때는 그대가 더위가 되라."

/

추위가 득세하면 추위의 편을 들고, 더위가 권력을 잡으면 더위 밑으로 들어가라는 말로도 들린다. 하지만 이딴 소리나 지껄이는 자를 선사라고 부르기엔 곤란한 감이 없지 않다. 시절이 춥든 덥든, 그 추위와 더위만큼 강해지라는 당부로 해석해야 제법 폼이 난다. 추우면 그 추위를 이길 수 있는 힘이, 더우면 그 더위를 이길 수 있는 힘이 필요하다.

그러나 그 힘은 밖으로 불거지는 힘이 아니라 안으로 젖어드는 힘이어서, 남을 해하지 않고도 나를 지켜준다. 먹고사는 일에만 몰입하다 보면, 밥이 나를 먹는다. 사람을 이겨먹는 일에만 집중하다 보면, 경쟁이 나를 지배한다. 똥이나 싸다가 싸움이나 하다가 마감하는 인생은, 똥과 상처만 남긴다.

  현실을 흔쾌히 받아들이면 현실의 칭얼거림을 덜어낼 수 있다. 있으면 있는 대로 없으면 없는 대로, 지나간 것은 지나간 대로 그리운 것은 그리운 대로, 성가신 것은 성가신 대로 치사한 것은 치사한 대로…. 자존심이 남이 알아줘야만 충족되는 마음이라면, 자존감은 누가 알아주지 않아도 유지되는 마음이다. 지속가능한 승리는 '상대'가 아니라 '패배'를 이겨내는 데서 온다.

092
쓰러지면 기어가고,
괴롭히면 놀아주고

- 『벽암록』

백장(百丈)이 대중법문을 할 때면 슬며시 나타나 멀찍이서 법문을 듣다가, 법문이 끝나면 홀연히 사라지는 노인이 있었다. 어느 날은 법회가 파했는데도 떠나지 않자 백장이 슬며시 불렀다.

"그대는 누구인가?"

"저는 본래 수천 년 전부터 이 산에서 수행하던 선승입니다. 한번은 어떤 학인이 '뛰어난 수행자도 인과(因果)에 떨어집니까'라고 묻자 '인과에 떨어지지 않는다[불락(不落)]'고 했다가 그 과보로 여우의 몸을 받아 500생을 살아야 했습니다. 이제 큰스님께 청하노니 부디 한 말씀 내려주소서."

백장의 대답이다. "나는 인과에 어둡지 않다[불매(不昧)]."

노인은 비로소 여우의 몸을 벗었다.

/

인과(因果)는 세계를 떠받치고 인생을 지배하는 법칙이다.

원인이 있으면 결과가 있다. 밥을 먹으면 배가 부르고, 누가 때리면 아프다. 그 어떤 이론으로도 늦추거나 모면할 수 없는 순리다. 죄를 지었으면 벌을 받아야 하고, 벌은 늦게 오더라도 기어이 온다. 살아 있는 것은 죽어야 하고 죽은 것은 다시 살아나야 한다. 왕후장상은 물론 천하의 도인이라도, 인과의 굴레를 벗어나지 못한다.

　콩을 심었음에도 팥이 나기를 원한다면, 이는 탐욕이다. 노인은 진실을 속인 죄로 평생을 전전긍긍하면서 살아가야 하는 업보를 받았다. 여우는 잔꾀가 많은 만큼 의심이 많은 동물이다. 야호선(野狐禪)은 겉으로는 깨달음과 자비를 운운하지만 본색은 양아치와 다를 바 없는 수행자를 꼬집는 말이다. 불여우들은 성속(聖俗)의 안팎에서 목격되는데, 대개 '천당'과 '국민'을 팔아먹고 산다.

　'불매(不昧)'란 '어둡지 않다' 혹은 '어리석지 않다'는 뜻이다. 그만큼 백장이 인과의 이치를 잘 알고 있었음을 시사한다. 모든 생명은 시간성과 육체성을 초월할 수 없다. 세월에 허물어지고 타자(他者)에 시달려야 한다. 다행히 달관할 수는 있는데, 그러려면 일정한 용기가 필요하다. 쓰러지면 기어가고, 넘어지면 쉬어가고, 뭐라 하면 들어주고, 괴롭히면 놀아주고…. 아, '되는 대로' 살 수 있다면!

093
힘들어도 생각해야 하고
아플수록 생각해야 한다

- 『종문무고』

　법연(法演)이 대중을 모아놓고 뜬금없이 "나의 선(禪)은 도둑이 되는 것"이라고 말했다. 다음은 그 이유라며 그가 소개한 일화다.

　옛날에 도둑의 아들이 있었다. 하루는 아버지에게 가업을 잇겠다며 기술을 전수해달라고 했다. 아버지는 그러마며 날이 저물자 아들과 함께 마을의 제일 부잣집을 찾아갔다. 도둑 부자는 개구멍을 통해 저택에 잠입했다. 아버지는 아들로 하여금 안방의 궤짝에서 비단옷을 꺼내오게 했다. 아버지가 망을 보는 사이에 아들이 궤짝 안으로 들어가는 순간, 갑자기 아버지가 돌변해 궤짝 문을 닫아버리고 자물쇠를 채워버렸다! 한 술 더 떠 "도둑이 들었다"고 외치며 집주인과 식솔들을 모두 깨운 뒤 자신은 개구멍으로 유유히 빠져나갔다.

　집안의 모든 사람들이 도둑을 잡겠다며 한밤중에 난리법석을 떨었다. 꼼짝없이 갇혀버린 아들은 위기를 모면할 방법을 골똘히 생각했다. 문득 쥐 소리를 내야겠다는 묘안이 떠올랐다. 궤짝 안에서 쥐가 찍찍거리는 소리가 나자 주인은 하녀를 시켜 궤짝을 열어보게 했다. 궤짝이 열리자마자 아들은 하녀를 밀쳐내고 그녀가 들고 있던 촛불을 꺼버린 뒤 냅다 줄행랑을 쳤다. 주인과 하인들에 쫓기던 아들은 달리던 길에서 우물을 발견하곤 큰 바위를 집어 우물 안으로 던져버렸다. 캄캄한 어둠 속에서 바위가 우물에 떨어지는 소리가 들리자, 추격자들은 도둑이 투신했나 싶어 우물 주위로 모여들었다. 이들을 가까스로 따돌린 아들은 무사히 집으로 돌아올 수 있었다.

아버지를 보자마자 아들은 자신을 곤경에 빠뜨린 까닭에 대해 따져 물었다. 반면 아버지는 아무 일도 없었다는 듯 "어떻게 그 집을 빠져나올 수 있었느냐"고 태연자약하게 되물었다. 아들이 우여곡절을 설명하자 아버지는 다음과 같이 말했다. "네가 모든 힘을 다했기 때문에 돌아올 수 있었던 것이야."

/

도둑은 프로다. 도둑은 철저한 계획 아래 매우 신중하게 움직인다. 도둑은 주어진 상황을 최대한 효율적으로 이용한다. 도둑은 남들이 잘 때 혼자 일한다. 도둑은 월급도둑이 아니어서 자기가 일한 만큼만 번다. 도둑은 도둑고양이여서 발걸음 하나에 혼신의 힘을 불어넣는다. 도둑은 남들이 하지 않는 일을 한다. 도둑은 자신의 일에 목숨을 건다.

화두일념(話頭一念). 오로지 화두만으로 머릿속을 꽉 채우는 일이 참선의 뼈대다. 화두를 실마리로 깨달음에 이르겠다는 간화선(看話禪)은, 생각을 없애는 것이 아니라 생각의 끝까지 밀고 올라가는 것이다. 더는 생각할 필요가 없는, 더는 대가리를 굴리지 않아도 되는 자유에 도달할 때까지.

내가 생각하면 지혜요, 생각이 생각하면 망념이다. 대개 생각하기 귀찮으니까 잡념으로 허송세월하는 것이다. 자기주도적인 생각은 생명체에게 주어진 가장 기본적인 밑천이요 무기다. 나의 생각은 누구도 도둑질할 수 없다. 또한 생각한 만큼이 힘이다. 깊고 오랜 생각은 문제를 해결하고 인생의 질서를 잡아준다. 힘들어도 생각해야 하고 아플수록 생각해야 한다.

- 오조 법연(五祖法演, 1024~1104)
  임제종 양기파. 부산 법원(浮山法遠)의 법을 이었다. 설법할 때에 '도둑론'과 비슷한 얘기를 자주 했다. "선(禪)을 참구하는 이는 누구나 마치 독수리가 뱁새를 낚아챌 때처럼 해야 한다. 먹이를 발톱으로 움켜쥐고 땅에 내려앉는가 싶을 때, 미련 없이 솟구쳐 날아오르는 모습을 본받아야 한다. 만일 웅크리고 주저앉아 있다면 이 공부를 감당할 수가 없다."

- 종문무고(宗門武庫)
  대혜 종고(大慧宗杲) 선사가 참선수행과 관련한 역대 일화들을 묶은 책이다. 『대혜무고』라고도 한다.

- 간화선(看話禪)
  역대 선사들이 남긴 선문답(화두, 話頭)을 골똘히 참구하는 수행법. '왜 개에게만 불성이 없을까?' '왜 도는 뜰 앞의 잣나무일까' 의심을 집요하게 지속하는 방식이다. 앉아서만 화두를 든다면, 그냥 '쇼'에 불과하다. 밥 먹을 때도 화두를 들어야 하고 남과 이야기할 때도 화두를 들어야 하며 심지어 꿈결에서도 화두를 들어야 한다. 화두를 글재주에나 써먹으려 드는 문자선(文字禪), '본래부처'이니 수행할 필요가 없다는 무사선(無事禪), 좌선한답시고 조용한 장소만 찾아다니는 묵조선(默照禪)에 대한 반성에서 출발했다.

094

어떻게 살든, 끝은 같구나

– 『선문염송』

 구지(俱胝) 선사는 누군가가 도(道)를 물을 때마다 손가락을 치켜세웠다. 곁에서 시중을 들던 동자승이 그를 흉내 내고 다녔다. 어린 생불(生佛)이 났다는 소문에 온 동네가 떠들썩했다.
 구지는 조용히 아이를 불렀다. "어떤 것이 불법(佛法)인고." 아이는 우쭐대면서 늘 하던 대로 '엄지 척'을 했다. 일순 구지는 품에 숨겼던 칼을 꺼내 아이의 손가락을 잘라버렸다!
 비명을 지르며 도망치는 아이를 구지가 소리를 지르며 불러 세웠다. "어떤 것이 불법인고!" 본능적으로 손가락을 세웠지만 손가락은 없었다. 아이는 문득 깨달았다.

/

 고통은 살아 있음을 일러주는 가장 확실한 증거다. 지독하게 아프면, 살고 싶지 않은데도 살아 있다. 죽는 게 낫다 싶은데도 너무 심하게 살아 있다. 살아 있다는 사실만이 섬뜩하게 살아 있다. 벼랑에 매달린 숨결은 가늘지만 깊다. 내가 나임을,

고작 나임을, 결국 나일 수밖에 없음을, 뼈를 부수는 힘으로 확인시켜준다.

한편으론 뼈저린 만큼 짜릿한 맛도 있다. 감기몸살로 밤새 고생한 아침이면 지옥에서 운영하는 사우나에 다녀온 기분이다. 어떻게 살든, 끝은 같구나… 안심하게 된다. 다들 고만고만하구나… 다시 서게 된다.

⊙ 금화 구지(金華俱胝, ?~?)
　 당대(唐代) 스님. '손가락 가르침'으로 구지일지(俱胝一指) 또는 일지두선(一指頭禪)이라 불린다.

095
우리들의 위대한 '쌀값'

-『종용록』

누군가 청원(青原)에게 물었다.
"불법(佛法)의 대의(大義)는 무엇입니까?"
"여릉(廬陵)의 쌀값이 지금 얼마지?"

/

쌀값은 총체적이다. 인간의 정성과 피로, 거래와 흥정, 음모와 배신이 응축돼 있다. 동시에 쌀값은 유동적이다. 어제의 가격과 오늘의 가격이 같지 않으며 지역에 따라 편차가 난다. 세상 전체의 모습이 쌀값으로 모여들고, 쌀값은 다시 이 땅 곳곳으로 흘러든다. 이름 모를 산하(山河)의 알곡으로 뒹굴다가, 눈물로 지은 밥에 담겨 누군가의 하루를 지킨다.

삶이란 쌀값을 벌고 쌀값을 쓰는 일이다. 사람이라면 누구나 쌀값에 얽매인다. 연루되어 있으며 또한 기여하고 있다. 쌀값은 삶의 근본이며 그래서 참다운 삶이란 별 게 아니다. 쌀값이 오르내리듯, 그때그때의 상황과 처지에 발맞춰 현명하고 성실하게 살아내는 일이 곧 정진(精進)이다. 살아 있는 것들이 오직 살아만 있어도 값진 이유다.

⊙ 청원 행사(青原行思, ?~741)
6조 혜능의 법을 이었으며 남악회양과 쌍벽을 이루는 혜능의 수제자로 평가된다. 청원산 정거사(靜居寺)에 머물면서부터 스타덤에 올랐다.

096
사람은 신중하게 사귀어야

– 『오등회원』

조주(趙州)가 마당을 쓸고 있는데 지나가는 객승이 물었다.

"화상은 대선지식(大善知識)이신데 어째서 마당을 쓸고 계십니까?"

"티끌은 바깥에서 들어온다."

"이미 청정한 가람인데 어째서 티끌이 있습니까?"

"티끌이 또 한 점 생겼구나!"

/

조주 선사는 무심히 청소를 하고 있었다. 행위와 자아가 일치된 상태다. 비질을 한다는 생각도, 비질을 하고 있는 내가 있다는 생각도 없다.

이때 그야말로 '티끌이 바깥에서 들어와' 속을 긁었다. 공연히 말을 붙이며 무심(無心)을 두 동강냈다. '청소'라는 객체와 '청소를 하고 있는 나'라는 주체로 갈라놓은 것이다. 일 났다. 더구나 '화상'과 '대선지식'이라는 높임말을 들이댐으로써, 청소의 가치를 세상의 밑바닥으로 내던져버렸다. 큰일 났다.

불청객 하나가 마음에 산불을 낸 격이다. '청소를 하고 있는 자기 자신'이라는 자의식, '절이 깨끗해지고 있다'는 보람, '좀 더 불사를 해야 하지 않겠느냐'는 근심, '큰스님인데도 제대로 대우받지 못한다'는 불쾌감, '아랫것들은 다 어디로 도망갔느냐'는 분노 등등 분별망상의 물꼬가 터져버렸다. 어느 종교의 말마따나 '사람은 곧 하늘'이어서, 걸핏하면 땡볕과 폭우를 몰고 온다.

097

다르게 보면 제대로 보인다

– 중봉 명본, 『동어서화』

세상은 본래 일삼을 것이 없는데
사람의 마음이 스스로 흔들렸을 뿐이다.
이를 믿는다면 어떤 상황에서나
옳다 그르다 싫다 좋다 따지지 말아야 한다.

/

중도(中道)란 균형의 길이다. 이것에도 저것에도 현혹되지 않는 길이며, 한 쪽으로 치우친 생각과 거리를 두는 길이다. 인간의 죄악은 대부분 마음의 쏠림에서 비롯된다. 싫음에 싫음을 더하면 살인이 되고 믿음에 믿음을 더하면 맹신이 된다. 한 생각 쉴 줄 알고 한 욕심 접을 줄 알면, 이 세상 어디나 살 만한 곳이다.

중도에 시간이 섞이면 희망의 길로 거듭난다. 해가 지면 달이 뜨고 나무가 죽으면 목재로 소생한다. 육신은 소멸해도 법신(法身)은 영원하다. 인생은 무상하기에 변화를 꿈꿀 수 있다. 무애(無碍)는 무상(無常)을 즐기는 자의 복이다. 야구계의

명언처럼 "끝날 때까지 끝난 게 아니다." 다르게 보면 제대로 보인다.

⊙ 중봉 명본(中峰明本, 1263~1323)
  임제종 양기파. 고봉 원묘(高峰原妙)의 법을 이었다. 일정한 거처 없이 동가 식서가숙하면서 스스로 환주(幻住)라 불렀다. 승속이 모두 존경해 강남의 고불(古佛)이라 불렀다.

⊙ 동어서화(東語西話)
  중봉 명본이 자신이 지은 『산방야화(山房夜話)』에 대한 오해를 해명하기 위해 쓴 글이다. 그럼에도 '동어서화'란 횡설수설한다는 뜻.

098

일어서지 못하는 것들은
넘어질 줄도 모른다

– 보조 지눌, 『정혜결사문』

땅에서 넘어진 자 땅을 짚고 일어난다.

/

원문은 '인지이도자(因地而倒者) 인지이기(因地而起)'. 땅으로 인해 넘어졌다면 다시 땅으로 인해 일어설 수 있다는 뜻이다. 울퉁불퉁한 길은 온갖 사고와 역경의 빌미를 제공한다. 하지만 재기할 수 있는 발판 역시 좋으나 싫으나 그 더럽고 치사한 길뿐이다.

발이 잘못 디뎠다면 손을 제대로 짚으면 그만이다. 지눌의 격려는 '위기가 곧 기회'요 '실패는 성공의 어머니'라는 오래된 격언의 변주인 셈이다. 시련은 혹독하지만 치유로써 별이 된다. 가족이 나를 위로해준다면, 적(敵)은 나를 위로가 필요 없는 존재로 성숙시켜준다.

살다 보면 당장이라도 죽을 것 같은 순간을 몇 번쯤 만난다. 그러나 벼랑 끝에 걸린 삶은 어쩌면 인생의 가장 위대한 절정이다. 참으니까, 보살이다. 고비만 넘기면 또 다른 세상이 열린다. 비온 뒤에 땅이 굳고, 산다는 건 결국 맷집 싸움이다. 넘어지면 창피하다고? 일어서지 못하는 것들은 넘어질 줄도 모른다.

099
어떻게 살든, 내게는 정답

- 청담 스님, '길' 전문

길은 사람이 존재하는 한 언제나 있고, 그러므로 그 길은 영원하다. 인간의 깨달음 역시 마찬가지다. 완성이란 언제나 없다. 완성은 죽음뿐이다. 그리고 그 죽음도 탈바꿈에 지나지 않는다. 뜬구름과 같은 우리들의 삶은 끊임없이 나아가고 있을 뿐이다. 그 길에는 어느 때는 저토록 붉은 놀이 내리고, 비가 내리고, 눈이 내리고, 인간의 외로운 발자국이 남겨지리라. 그 길은 나에게서 젊음을 빼앗아 갔다. 그러나 그 길은 더 많은 것을 나에게 바라고 주겠노라 약속하고 있다.

/

인생은 누구에게나 외길이다. 비켜설 수 없고 되돌릴 수 없다. 살아서는 무를 수 없고 죽어서도 끝나지 않는다. 간혹 행운이라는 샛길이 나있지만 끝내 저승길이다. 나침반이 쓸모없고 처자식은 솔직히 짐만 되기 십상인 그 길은, 어쩌면 그래서 홀가분하고 또한 벅차다. 오직 나만이 걸어갈 수 있는 길이며, 어떻게 가든 정답이기 때문이다.

⊙ 청담 순호(靑潭淳浩, 1902~1971)

대처승 퇴출로 상징되는 불교정화운동의 주역이다. 정화운동의 성공으로 출범한 대한불교조계종의 기반을 닦았다. 사실상 정화의 시작이자 끝이었다. 조계종 제2대 종정을 비롯해 총무원장, 중앙종회의장, 장로원장 등 요직을 두루 거쳤다. 이른바 '마음법문'으로 사상가의 반열에 올랐다. 특히 '인욕보살'로 유명했다. 어떤 경우에도 화를 내지 않았다. 새까만 후배에게 맞아도 언짢은 기색조차 보이지 않았다. 끊임없이 대화로 설득해 결국 감화시켰다. 반대파에게 맞아 이마에 피가 철철 흐르는데도 법문을 계속했다. "흐르는 개울물도 아껴 쓰라" 했고, 제자가 쓰레기통에 버린 콩나물 대가리를 다시 가져와 반찬을 해먹었다.

100
불행해서 행복하다

-『종용록』

곽시자(霍侍者)가 덕산(德山)에게 물었다.

"그 옛날의 성현들은 다들 어디로 가셨습니까?"

덕산은 제대로 알아듣지 못한 듯 "무엇? 무엇?"이라고 반문했다.

이에 시자는 "비룡마(飛龍馬)를 대령하라 했더니 절름발이 비루먹은 말을 끌고 온 격이로군요."라며 짐짓 조롱했다.

덕산은 대꾸하지 않았다.

다음날 욕실에서 나온 덕산에게 시자가 차를 달여 건네주었다.

그러자 덕산은 시자의 등을 토닥여주었다.

시자가 이르되, "저 노인네가 이제야 비로소 말길을 알아듣는군!"

덕산은 그 말에도 아랑곳하지 않았다.

/

늙으면 귀가 어두워진다. 어두워져서, 살 만해진다. 젊어서는 거슬렸을 얘기도 거스르지 않고 젖어든다. 칭찬에도 비난에도 무덤덤하다. 말의 가시에 찔려도 아프지 않고, 말의 함정에 빠지려야 거기까지 갈 기력이 없다. 적(敵)을 찾지 못한 말들은 제풀에 고꾸라져, 오갈 데 없는 퇴비가 된다. 이런저런 꼬락서니가 한낱 바람소리로 서걱거릴 때, 나는 눈물겹도록 가볍다.

젊음은 빨리 걸어서 절름거린다. 빠릿빠릿한 감각은 삶에 활력을 불어넣는 듯하지만, 그게 죄다 죽음을 부르는 활력이고 죽음을 이기지 못하는 활력이다. 몸이 낡으면 마음도 고개를 숙인다. 퇴화는, 퇴화에 순응하는 퇴화는, 나를 놀리는 자를 도리어 응원할 수 있는 기적을 일으킨다. 세월은, 진짜 명약이다.

모든 그럴싸한 것들과 결별한 지금은, 퇴옹(退翁)이 되어 뉘엿뉘엿 무너지는 시간. 난청(難聽)이 외려 즐거운 자의 달팽이관엔 아마도 달팽이가 들어 있을 것이다. 일어날 일이 없어서 넘어질 일도 없는 미물. 미물(微物)이어서 미물(美物). 그러니 어서 오라. 나이보다 빨리 오라. 내 인생의 이순(耳順).

한국인이 가장 좋아하는 선문답

2016년 2월 1일 초판 1쇄 발행
2025년 9월 15일 초판 4쇄 발행

지은이 장웅연 • 감수 도법, 원철, 신규탁
발행인 박상근(至弘) • 편집인 류지호 • 편집이사 양동민
편집 김재호, 양민호, 김소영, 최호승, 정유리, 이란희, 이진우 • 디자인 쿠담디자인
제작 김명환 • 마케팅 김대현, 김대우, 이선호, 류지수 • 관리 윤정안
콘텐츠국 유권준, 김희준
펴낸 곳 불광출판사 (03169) 서울시 종로구 사직로10길 17 인왕빌딩 301호
    대표전화 02) 420-3200 편집부 02) 420-3300 팩시밀리 02) 420-3400
    출판등록 제300-2009-130호(1979. 10. 10.)

ISBN 978-89-7479-295-4 (03220)

값 16,000원

잘못된 책은 구입하신 서점에서 바꾸어 드립니다.
독자의 의견을 기다립니다. www.bulkwang.co.kr
불광출판사는 (주)불광미디어의 단행본 브랜드입니다.